우리 이렇게 놀아요

우리 이렇게 놀아요

2015년 10월 31일 초판 1쇄 발행

편해문과 놀이와 노래 연구모임 '놀래?!'가 함께 글을 쓰고
천소희가 출판감독을 했어요.
소복이가 그림을 그렸고 전아름이 책을 꾸몄어요.
유재현이 펴내고 강주한과 박수희가 편집을 했고 장만이 책을 알려요.
한서지업사의 종이를 사용해 영신사에서 인쇄와 제본을 했어요.

펴낸 곳 소나무
등록 1987년 12월 12일 제2013-000063호
주소 412-190 경기도 고양시 덕양구 대덕로 86번길 85(현천동 121-6)
전화 02-375-5784
팩스 02-375-5789
전자우편 sonamoopub@empas.com
전자집 http://cafe.naver.com/sonamoopub

값 12,000원
ISBN 978-89-7139-827-2 03370

이 도서의 국립중앙도서관 출판예정도서목록(CIP)은 서지정보유통지원시스템 홈페이지(http://seoji.nl.go.kr)와 국가자료공동목록시스템(http://www.nl.go.kr/kolisnet)에서 이용하실 수 있습니다.(CIP제어번호: CIP2015026153)

이 책은 한국출판문화산업진흥원의 2015년 〈우수 출판콘텐츠 제작 지원〉 사업 선정작입니다.

놀이와 노래로 자라는 아이들
아이들과 신나게 놀고 싶은 어른들을 위해

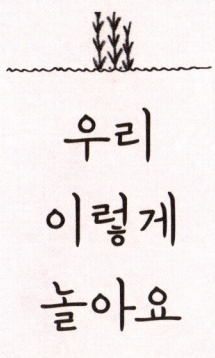

우리
이렇게
놀아요

글 편해문·놀이와 노래 연구모임 '놀래?!'
그림 소복이

소나무

여는 글

아이와 진정한 놀이 친구가 되는 행복

놀이와 노래 연구모임 '놀래?!'는 교육 현장에서 영·유아기, 초등학교 아이들을 만나고 있는 교사들의 연구모임입니다. 놀이를 배우고 익히면서 아이들과 즐겁게 놀이와 노래를 나누고 있어요. 이제는 더 많은 어른들이 아이들과 신나게 놀 수 있기를 바라며, 이 책에 교사와 아이들의 생생한 놀이 현장을 풀어냈습니다.

'세 살 버릇 여든까지 간다'는 말이 있습니다. 아이 때 익힌 생활습관이나 태도는 어른이 되어서도 쉽게 바뀌지 않고 평생 영향을 미치지요. "어릴 적 놀이를 평생 간직하고 있다"는 고향 마을 할머니의 이야기를 들은 적이 있습니다. 어렸을 때 누구랑 놀았고, 어떤 규칙이 있었고, 어디에서 놀았는지를 술술 이야기하는 할머니의 얼굴에서 환한 웃음이 떠나질 않았습니다. 할머니 말씀처럼 어릴 적 놀이 경험은 아주 오랫동안, 평생 동안 이어집니다. 그렇기 때문에 몸과 마음이 가장 많이 자라는 어린 시절에 아이들은 놀이를 하면서 커야 합니다.

부모는 내 아기가 세상에 나온다고 하면 먹을거리, 입을거리 등을 세심하게 챙기지요. 하지만 막상 자라나는 아이와 어떻게 지내야 할지 어려워하는 분들이 많습니다. 물론 저마다 차이는 있겠지만 지금의 부모들은 놀이 경험이 많이 부족한 듯합니다. 그래서 유명하다는 클래식이나 자장가 음반은 쉽게 들려주면서도 우리 장단이 있는 자장가나 노래는 불러주지 못하지요. 특별한 놀잇감 없이도 몸과 마음이 성장하는 우리 놀이를 부모가 제대로 경험해본 적이 없기 때문에 지금의 아이들은 로봇이나 장난감, 스마트폰 등으로 놀고 있습니다. 또 학원을 다니고 컴퓨터 게임을 하느라 놀이터에서도 놀이를 함께할 수 있는 동무와 형, 언니 들이 없습니다.

골목과 마당, 또래 친구들이 사라진 환경 속에서 아이들은 누구에게 어떻게 놀이를 배울 수 있을까요? 아이들을 늘 만나는 부모와 교사, 어른의 몫으로 돌아왔습니다. 부모와 교사가 먼저 놀이와 노래의 중요성을 인식하고, 놀이 안내자가 되어 놀이 환경을 만들어주고, 놀이 시간을 충분히 주어야 하는 것이지요.

아이들은 매일 만나는 사람들에게 영향을 받습니다. 부모와 교사의 움직임을 항상 관심 있게 보고 어른이 무언가를 하고 있으면 흥미를 보이며 같이하고 싶어 하지요. 놀이도 마찬가지입니다. 어른이 놀면 아이는 더 놀고 싶어 합니다. 어른이 아이와 같이 신나게 놀고, 뛰고, 지고, 이기는 경험을 함께하면서 아이의 놀이 친구가 되어야 합니다.

아이들은 잘 안답니다. 부모나 교사가 무엇을 잘하는지, 어려워하는지, 정말 즐겁게 노는 것인지 형식적으로 노는 것인지 말이지요. 그래서 부모는 놀이와 노래를 익히고, 교사는 더 나아가 연구하며 아이들과 신나게 놀면서 아이들의 언니나 형이 되어주어야 합니다.

이런 과정에서 부모나 교사가 '놀아주어야 한다'는 부담을 갖지 않았으면 합니다. 놀이는 아이들만의 것이 아니랍니다. 때로 어른들은 놀이를 아이 적에만 하는 유희나 장난으로 알고 있는 것 같아 안타깝습니다. 아이와 제대로 놀아본 어른은 '놀이의 아름다움'을 알게 됩니다. 신나게 놀고, 겨루고 다투다 이해하고, 힘들 때 돕고 나누는 놀이 경험은 어른에게도 시간 가는 줄 모르는 몰입과 즐거움을 안겨줍니다. 일부러 멀리 있는 놀이공원이나 캠프장 같은 곳을 찾지 않아도 됩니다. 일상에서 아이들과 놀이를 하면 몸으로 놀 기회가 적은 어른들에게도 활력을 주고 노동의 피곤도 사라집니다.

아이의 친구가 되어 이야기를 나누면 아이는 든든한 자기편이 생겼다고 여깁니다. 이를 통해 어른과 아이가 열린 상호작용으로 긴밀한 소통을 나누는 관계가 되지요. 아이와 어른이 진정한 놀이 친구가 되어 교감하는 행복을 많은 어른들이 느낄 수 있으면 좋겠습니다.

아이들에게 놀이는 왜 필요할까요? 그리고 옛 아이들 놀이와 노래를 하면 어떤 좋은 점이 있을까요? 아이들은 장소를 가리지 않고 언제

나 몸을 움직입니다. 놀잇감이 있으면 도구를 가지고 놀고 친구가 있으면 함께 어울려 놀지요. 이렇듯 아이들에게 놀이는 본능입니다. 몸과 마음이 급격하게 자라는 시기에 제대로 놀이를 하면 자연스럽게 건강한 마음과 튼튼한 몸으로 균형 있게 자랍니다.

또한 사회성이 커집니다. 놀이는 함께 놀아야 더 재미있습니다. 이 과정에서 친구에게 양보도 하고 타협도 해야 합니다. 어려움에 부딪치고 넘어서면서 문제 해결 능력도 생기지요. 어떤 아이는 무엇을 잘하고 어떤 아이는 무엇을 어려워하는지 알아, 서로 이해하며 관계를 맺습니다. 놀이를 하면서 죽었다가 살아나고, 내가 동무를 살리기도 하고, 동무가 나를 살려주기도 합니다. 이런 경험은 아이들이 살면서 많은 어려움을 극복하고, 즐겁게 살아가는 바탕이 됩니다.

특히 옛 아이들 놀이를 하면서 우리 문화를 배웁니다. 우리가 지금까지 하고 있는 옛 아이들 놀이는 오랜 기간 검증을 거쳐 아이들이 재미있어 하는 놀이입니다. 재미없는 놀이는 현재의 놀이로 남아 있지 않습니다. 옛 아이들 놀이와 노래에는 해, 바람, 곤충, 꽃과 같은 자연과 가족, 친구, 이웃 들이 있습니다. 평범한 일상을 해학적인 시선으로 표현한 재미가 있고, 어려운 일에 도전하고 넘어서는 지혜도 담겨 있습니다. 아이들은 이런 옛 놀이를 하며 자연스럽게 우리말과 우리 생활 문화를 배웁니다.

이 책이 '아이와 뭐하면서 놀까?' 하고 고민하는 어른들에게 도움이 되었으면 합니다. 더불어 아이와 더욱 신나게 놀고 싶은 마음이 일었으면 좋겠습니다. 아이들이 여럿이 함께 놀면 더 재미있듯, 어른들도 함께 머리를 맞대고 나누면 더욱 힘이 납니다. 교사들은 여러 가지 사례와 활동 내용들을 나누고, 부모들은 정기적인 부모 모임을 만들어서 한번 놀아보세요. 어른들이 깔깔 웃으며 하는 놀이는 아이들에게 더욱 재밌는 놀이가 됩니다. 나아가 각각의 환경에 맞게 살아 움직이는 놀이를 하면서 더욱 풍성한 놀이 기록이 나온다면 더할 나위 없이 기쁘겠습니다.

(사)공동육아와 공동체교육에서 2002년 한 해 동안 편해문 선생님의 안내로 놀이와 노래에 대해 공부를 시작하고 자발적 모임이 지속되어 온 지 어느덧 13년입니다. 더 많은 아이와 어른이 즐겁게 놀고 행복할 수 있길 바라며 책이 나올 수 있도록 응원하고 힘써주신 편해문 선생님께 감사드립니다. 또한 이 책이 세상에 나올 수 있도록 도움을 주신 소나무출판사와 천소희 출판감독에게도 감사의 마음을 전합니다.

놀이와 노래 연구모임 놀래?!를 대표하여
아이들 곁에서
이홍수(물따라)

놀이 속에 아이가 크고 아이 안에 노래가 살아요

어린이집·유치원 교사와 때로는 아이들과 함께 놀면서 보낸 시간이 꽤 여러 해 흘렀습니다. 그렇게 함께한 시간의 기록을 이렇게 책으로 만들게 되어 기쁩니다. 저는 때론 연구자였고 공연자였고 운동가였지만 평교사들과 함께 제가 앞서 오래도록 공부한 것을 나눌 수 있어 기뻤습니다. 놀이와 노래로 아이들과 함께 뒹굴면서 놀이의 아름다움과 놀이 속에서 피어나는 아이들을 만났습니다. 아이들과 놀이는 하나라고 해야 옳습니다. 그러나 아이들이 날로 놀이와 멀어지고 있는 것 또한 사실입니다. 왜 이런 일들이 벌어지는지 궁금했고, 그 해법을 찾으려 했습니다. 여기 이 작은 책은 이러저러한 핑계와 속임으로 아이들과 놀이를 떼어놓으려 하는 흐름을 거스르고 놀이와 아이들을 잇고자 했던 저와 현장 교사들의 땀 냄새 나는 기록입니다.

 우리는 힘들고 바쁜 일과에도 여러 차례 모여 놀고 노래 부르고 공부했습니다. 이 과정에서 알게 된 것은 우리가 매일 아이들을 만나는 현장과 유아교육학 이론 속 놀이의 거리가 너무 멀다는 사실이었습니다. 더 나아가 이론과 현실의 차이가 가장 심한 곳이 우리가 발 딛고 선 유아교육 현장이며 또 그 가운데 가장 곪은 곳이 놀이라는 것을 알았습니다. 당연히 아이와 놀이와 바깥이 유아교육의 중심이어야 하는데 학습과 실내와 미디어에 아이들을 꽁꽁 묶어두는 흐름에 무게를 두고 현재 유아교육과정이 완성되었습니다.

 말로는 아이들을 전인적으로 유기적으로 이해하며 교육한다고 말하고 있으나 실제로는 시간을 쪼개고 영역을 토막 내 활동하는 영역별 활동에 몰두하고 있습니다. 더욱 놀라운 사실은 유아교육기관에서 아이들과 놀이와 노래로 하루를 보내지 않고 초등학교나 중학교에서 하는 수업을 하고 있는 경우입니다. 그렇다면 교사가 이 모든 지탄을 받아야 마땅할까. 그렇지 않습니다. 교사들이 따라가기에 교육과정은 너무나 가짓수가 많고 게다가 일안과 주안 월안을 짜고 정리하느라 도무지 아이들을 돌보거나 놀 여유가 없습니다.

 교사들은 유행하는 외국 수입 프로그램들에 치여 무엇을 해야 하는지 판단할 수 없을 만큼 지쳐 있습니다. 게다가 요즘에는 너도나도 생태와 숲 교육을 해야 해서 더 바빠졌습니다. 생태와 숲이 무엇인가에 대한 성찰이 필요합니다. 단순히 유기농 음식을 먹고 밖에 나가고 자연 속에서 아이들을 키우는 것을 생태라 여기면 곤란합니다. 아이들에게 가장 영향을 많이 주는 생태적 요소가 무엇인지 진정 알려고 애써야 합니다. 아이들에게 생태와 숲은 함께하는 교사와 부모입니다. 그리고 아이들 가까이 늘 서성이는 놀이입니다. 숲은 멀리 있고 교사와 놀이는 아이들 가까이 있습니다.

현재 한국의 유아교육학과는 아이들과 만나 어떻게 놀고 노래할 것인지, 구체적인 놀이와 노래를 다루지 않습니다. 놀이 이론과 악기 연주 중심의 평가와 추상적인 논의에 머무르고 있습니다. 결국, 길게는 4년 동안 유아교육과정을 마치고 아이들을 만나러 온 교사의 몸과 머릿속에 '아이들과 뭐하고 놀지?' 했을 때 떠오르는 것이 없습니다. 이 책은 그런 아쉬움과 안타까움에 대한 성찰에서 출발했습니다. 유아교육을 전공하거나 교육을 받는 과정에서 아이들 놀이와 노래를 교사들이 실제로 공부할 수 있어야 하는데 그 내용과 실체가 없다는 것입니다. 그래서 유아교육과정 공부를 다 마친 교사들은 다시 놀이와 노래를 공부하지 않을 수 없습니다. 여기에 그 내용을 담았습니다.

이 책에는 몇 해 동안 저와 함께 공부했던 여러 교사와 그 교사들이 함께 놀았던 아이들의 생생한 목소리가 담겨 있습니다. 책을 읽다보면 아이와 놀이와 교사가 어떤 곳에서 만나 어떻게 흘러 어디로 가는지 밝게 보실 수 있습니다. 여기 실녀 소개한 놀이는 이미 아이들 생활 속에서 뿌리내린 검증된 놀이를 망라했음을 밝힙니다. 한 번에 죽 보아도 좋고 아이나 교사가 놓인 상황에 따라 '이런 때는 어떤 놀이를 하고 놀면 좋을까?'라는 궁금함을 가지고 그때그때 찾아 읽어도 좋을 것 같습니다.

　이 책이 남다른 것은 교사와 아이 사이에서 놀이와 노래가 어떻게 상호작용하는지 가까이 볼 수 있다는 점입니다. 놀이와 노래를 아이들과 어떻게 만나게 해줘야 할지 몰라 어려움을 겪는 어른들에게 도움이 되리라 믿습니다. 각 놀이의 끝자락에 놀이를 통한 아이들의 성장 이야기와 도움말을 붙였습니다. 아이들과 놀면서 부딪치는 여러 가지 어려운 점에 대한 그간의 고민과 나름의 해법을 담았습니다. 요긴한 안내가 될 수 있을 거란 생각이 듭니다.

　한국 유아교육 100년의 역사 속에서 진정 아이들과 함께 어떻게 놀았는지에 관한 기록을 찾기 어렵다는 사실을 교사와 놀이운동가로서 큰 충격으로 받아들이고, 우리가 그 일을 해야겠다고 뜻을 모아 오늘 이 작은 결과를 내보입니다. 혹 여기 실어놓은 놀이와 노래를 시시하게 보는 분들이 있을까 봐 한마디 더 보탭니다. 우리가 그렇게 따라가려는 미국과 유럽의 유아교육에서 아이들과 놀고 노래하는 것이 무엇이냐면 마더구스의 노래(Mother Goose's Melody)와 너서리 라임(Nursery Rhyme)입니다. 이 책에서 한국의 마더구스의 노래와 너서리 라임과 함께하는 아이들을 만나실 수 있습니다.

　아무쪼록 아이들과 한번 해보세요. 그러면 놀이란 재미란 어떤 것이고 웃음이 어떻게 피어나는지 우리가 아이들과 즐겁게 만났던 것처럼 다른 분들도 만날 수 있으리라 믿습니다. 이 책이 아이들과 뒹굴며 아이들 꿈과 미래와 놀이를 고민하는 어른들에게 작은 길잡이가 되었으면 하는 마음 간절합니다. 제가 여러 해 현장에서 할머니 할아버지 들께 물어 찾은 노래와 놀이를 알뜰하게 유아교육 현장에서 되살려주신 여러 교사들이 없었다면 이 책은 세상에 나올 수 없었습니다. 그것도 10년 만에 말입니다. 이 책을 함께 쓴 교사들과 여기 실린 놀이와 노래를 제게 전해주신 수많은 할머니 할아버지 들께 바칩니다.

2015년 한여름
이제 곧 어린이집에 갈 막내를 보며
편해문

차례

여는 글
아이와 진정한 놀이 친구가 되는 행복 5
놀이 속에 아이가 크고 아이 안에 노래가 살아요 11

책을 읽기 전에 21

1장 가르치지 않아도 하는 놀이

01 잡기놀이 27
02 숨바꼭질 31
03 까막잡기 35

2장 말놀이

01 짧은 말놀이
  (1) 장에 가자 장에 가자 41
  (2) 뽕나무 대나무 참나무 45
  (3) 가랫골집 영감이 49
  (4) 통 타령 52

02 긴 말놀이
  (1) 꼬부랑 할머니 56
  (2) 강가가 강똥을 싸니까 61

03 서로 주거니 받거니 하는 말놀이
  (1) 쥐야 쥐야 66
  (2) 수수께끼 71
  (3) 숫자놀이 75

3장 노래놀이

01 말 탄 양반 꺼덕 83
02 고추장 된장 / 놀귀 들귀 86
03 앞산아 당겨라 뒷산아 밀어라 92
04 천 길이냐 만 길이냐 95
05 황소 씨름 고등어 씨름 100
06 어디까지 왔니 105
07 어깨동무 씨동무 109
08 콩섬 팥섬 112
09 다리 세기 115
10 들강 달강 119

4장 규칙이 있는 놀이

01 딱지놀이 125
02 콩 심기 135
03 달팽이 139
04 비석치기 143
05 신발 던지기 149
06 고무줄놀이 153
07 줄 당기기 158

5장 꾸며 하는 놀이

01 소꿉놀이 167
02 송아지 따기 173
03 떡장수놀이 177

6장 손놀이

01 아카시아 이파리로 놀기 185
02 풀각시 188
03 공기놀이 192
04 손뼉치기 197
05 실뜨기놀이 200

우리 이렇게 불러요 204
이렇게도 불러요 214

세 살부터 일곱 살 아이들과 함께 놀아요

이 책에는 아이와 어른이 '옛 아이들 놀이와 노래'로 놀았던 내용이 담겨 있습니다. 세 살부터(만 1세) 일곱 살(만 5세) 아이들이 교사와 함께 말놀이, 노래놀이, 규칙이 있는 놀이 등을 했어요. 놀이하는 아이들의 입에서 자연스레 터져나오는 입말을 그대로 담고, 생생한 놀이 현장을 묘사하듯 풀어놓았습니다. '이렇게 놀아요' 글 상자 안에 놀이를 할 때 어른이 주의하거나 참고할 만한 사항을 덧붙여 놓았으니 참고하세요. '아이와 무엇을 하고 놀까?' 고민될 때 책의 어느 쪽이든 펼쳐서 아이와 놀이를 시작해보세요.

단순한 놀이부터 규칙이 있는 놀이까지 다양해요

1장에서 3장까지는 노래나 놀이를 익혀서 비교적 간단하게 할 수 있는 놀이로, 언제나 짬짬이 할 수 있어요. 노래를 부르는 것만으로도 즐거운 놀이가 되고, 노래를 부르면서 놀이가 더 풍성해지는 경험을 합니다. 노래를 부르며 아이와 어른이 서로 교감하고 소통하는 모습도 볼 수 있어요.

4장에서 6장까지는 어른이 아이에게 놀이 방법을 알려주고 함께하는 놀이가 많아요. 규칙과 단계가 있는 놀이를 아이 스스로 하려면 규칙을 알려주고 한 달 정도 같이 놀아야 합니다. 놀이가 익숙해지면 누가 이끌어주지 않아도 아이들끼리 재미있게 놀아요. 언제, 어디서, 누구랑 놀지 등을 스스로 정하고 새로운 규칙도 만들며 놀이를 이끌어나가요.

연령과 상황에 따른 제약이 없어요

연령과 상황에 따른 원칙이나 제약을 두지 않았습니다. 아이들과 여러 해 놀이를 해보면서 연령과 조건을 구분하는 것이 무척 인위적이란 생각이 들었어요. 성장하는 아이들이 놀이를 제 것으로 만들고 느끼는 정도는 저마다 다르답니다. 큰 아이만 할 수 있을 줄 알았던 놀이를 어깨너머로 배운 어린아이가 혼자 해내기도 합니다. 또래 친구들 사이에서 놀이를 어려워하는 아이가 잘하는 아이의 도움을 받아서 함께 놀기도 하고요. 이런 모습을 보며 '아이는 놀이를 통해 자란다'는 말을 실감합니다.

책속 이야기에서는 실내와 실외의 구분, 연령과 인원, 필요한 놀이 도구 등이 언급되어 있습니다. 하지만 책 속 권장 연령과 놀이 조건은 참고만 하시되, 함께 노는 어른이 아이와 한번 해보고 놀이에 관한 의견을 주고받으며 각각의 상황에 따라 즐겁게 놀면 됩니다.

한 가지 놀이에 퐁당 빠져 충분히 놀아요

아이와 단기간에 많은 놀이를 하리라 욕심내지 마세요. 같은 놀이를 계속하면 아이가 지루해하지 않을까 걱정하지 않으셔도 됩니다. 누가 시킨 것도 아닌데 딱지놀이만 3개월, 비석치기만 5개월을 하고 놀았답니다. 쉽고 단순한 놀이는 한 달 동안 했지만, 규칙이 있는 놀이나 꾸며 하는 놀이는 1년 넘게 하기도 했어요.

많은 놀이를 하기보다 한 가지 놀이에 푹 빠져서 그 재미를 온전하게 경험하는 것이 좋습니다. 긴 호흡으로 놀다 보면 놀이의 특징과 재미를 제대로 알게 되거든요. 그렇게 놀이를 온전히 익히면 아이들 스스로 놀이를 더 발전시키기도 하지요.

1장 가르치지 않아도 하는 놀이

〰️ 아이들 스스로 하는 놀이가 진정한 놀이입니다. 늘 선생님과 어른들이 "그럼 이거 하고 놀아볼까"라는 말로 아이들 놀이가 시작된다면 그것은 아이들에게서 놀이 주체성을 빼앗는 일입니다. 어른들이 준비한 놀이를 하라는 대로 하면, 놀이보다는 학습이나 짐이 되기 쉽습니다. 어른들은 몰라도 아이들은 안답니다. 지금 하는 것이 공부인지 놀이인지 말입니다. 혹 어른들은 아이들과 놀이를 한다고 하지만 아이들은 공부를 하고 있다고 느끼는 경우는 없을까요? 생각해볼 일입니다. 교사는 아이들과 놀았다고 생각했는데, 다 놀고나서 아이들이 "선생님! 우리 언제 놀아요?" 하는 말을 들어보신 적 없으신가요?

〰️ 이것은 아이들이 언제 놀이를 시작하는지 알면 궁금증이 풀립니다. 아이들은 심심할 때, 정말 심심할 때 놀이를 시작합니다. 아이들이 심심하도록 기다리거나 내버려둘 수 있어야 합니다. 그래야 아이들 스스로 놀이를 시작할 수 있으니까요. 배우거나 가르치지 않아도 아이들이 스스로 노는 놀이부터 이야기하는 까닭이 여기에 있습니다. 가장 놀이다운 놀이라고 할 수 있지요. 여기에 실린 놀이가 제대로 되려면 노는 아이들에게 충분한 시간을 주어야 한다는 것을 잊지 마세요.

01 잡기놀이

긴 장마가 계속되고 있습니다. 밖으로 나가 놀지 못하는 아이들이 방과 마루를 왔다갔다 하며 뛰어노네요. 블록놀이를 하거나 책을 읽는 아이들도 있고요. 책 읽던 여섯 살 채우가 책 읽기가 지루해졌는지 갑자기 함께 놀자고 하네요.

"우리 잡기놀이 하자!"

그 소리에 아이들 서넛이 모입니다.

"내가 하자고 했으니 내 놀이야! 내가 술래."

채우는 아이들을 잡으러 다닙니다. 아이들은 채우를 피해 방에서 마루로, 좁은 통로도 왔다갔다 하며 잘 뛰어다니네요. 아슬아슬 피하고, 잡고 잡히고, 달리기를 계속하더니 아이들 얼굴이 어느새 벌게졌어요.

시간이 흘러 선생님이 점심을 먹자고 하니 다섯 살 성오가 조릅니다.

"나 밥 안 먹어! 잡기놀이 계속하자."

"성오야, 밥 먹고 우리 다시 놀자. 알았지?!"

점심을 먹고 나니 어느새 날이 개었어요. 밥을 부지런히 먹은 성오는 잡기놀이를 하자며 다시 조르고, 다른 아이들도 밥 먹기가 무섭게 밖으로 나가자며 한목소리를 냅니다.

밖으로 나가니 방 안에서보다 더 신나게 뛰어다니네요. 주로 일곱 살 아이들이 서로 잡고 잡힙니다. 다섯 살 성오는 누가 잡는 사람이 없는데도 형들을 따라 마냥 달렸어요. 그 뒤로 성오는 나들이 간 야트막한 산 무덤가에서 열심히 뛰어다닙니다. 무덤 옆으로 돌고, 뛰어내리고, 때론 구로고 넘어지면서도 잘도 뛰어다녔어요.

아이들이 뛰어다니는 것을 보니 선생님도 하고 싶어지네요.

"나도 끼워줘."

"그럼, 가위바위보해."

이번에는 선생님이 술래가 되어 아이들을 잡으러 다니는데, 큰 아이들은 몸이 날래서 잡기가 어렵네요. 아이들이 선생님을 놀립니다.
"여기 있지롱, 여기 있지롱."
다섯 살 성오가 선생님에게 잡혀서 술래가 되었어요. 이제 성오가 아이들을 잡으려고 열심히 뛰어다닙니다. 아이들이 어린 성오를 배려해서 조금 천천히 달렸지만 성오는 잘 잡지를 못하네요. 마침 언덕에서 살짝 미끄러져 넘어지는 일곱 살 문성이를 성오가 잡았어요.
"와! 내가 문성이 형 잡았어."
술래가 된 문성이가 달리기 시작하자 이정이가 놀리네요.
"잡아 보시롱! 잡아 보시롱!"
"이정이 너, 거기 서!"
문성이가 이정이를 쫓아갑니다.

성오는 술래를 보면서 형들 달리는 대로 열심히 뛰고, 넘어지고, 일어나고, 잡히고, 쫓아가고, 잡으면서 놉니다.

그 뒤 성오는 안에서고 밖에서고 틈만 나면 "잡기놀이할 사람 여기여기 붙어라"를 외칩니다.

이렇게 놀아요 **아이들이 하는 첫 놀이!**

◆ 특별히 어려운 놀이 규칙 없이 바깥 공원과 놀이터, 잔디, 산 등에서 할 수 있는 놀이예요. 바깥에서 놀 때는 아이들이 너무 멀리 가지 않도록 범위를 정해주세요. 아이들이 많을 때는 술래를 둘이나 셋으로 늘려 술래 역할을 자주 바꾸어주세요. 아이들이 더욱 신나게 놀 수 있답니다.

◆ 산이나 언덕에서 넘어지고, 무덤에서 빙빙 돌고 뛰어내리다 보면 몸에 힘이 생겨요.

◆ 아이들 노는 곳이 어른들 보기에는 위험하다 생각될 때가 있습니다. 하지만 아이들은 놀이를 하면서 자신에게 위험한지 안전한지를 몸으로 가늠하고 판단해갑니다.

02 숨바꼭질

이렇게 불러요

꼭꼭 숨어라

머리카락 보일라 옷자락이 보일라

꼭꼭 숨어라

치맛자락 보일라 발뒤꿈치 보일라

꼭꼭 숨어라

"야~ 우리 숨바꼭질하자!"

누리가 말하니 아이들이 우르르 몰려들었어요.

"하늘땅! 하늘땅!"

'하늘'은 손바닥이고 '땅'은 손등이에요. 동시에 손을 내밀어서 다른 손 모양을 낸 한 사람이 술래가 되지요. 편 나누기를 할 때는 같은 손 모양을 낸 사람끼리 한편이 됩니다.

"꼭꼭 숨어라. 머리카락 보일라. 옷자락이 보일라……."

"다 숨었니?"
"아니."
술래인 누리가 한 번 더 노래를 부릅니다.
"다 숨었니?"
"……."

아무도 말을 하지 않는다는 건 친구들이 모두 숨었다는 뜻이에요.
술래는 숨은 친구들을 찾으러 나서요.
"찾았다!"
문 뒤에 숨은 우영이와 진희를 제일 먼저 찾고, 옷장을 열어 가만히 앉아 있는 윤재를 찾고, 사물함 옆에 숨은 세원이도 찾고, 커튼 뒤에 있던 준영이도 찾았어요.
상 밑에 숨은 진영이와 수민이가 가만히 있다가 누리가 책방 쪽으로 향하는 것을 보고는 얼른 뛰어나와 기둥을 치면서 외칩니다.
"우리 여기 있다!"
수민이와 진영이의 함박웃음과 누리의 아쉬워하는 얼굴이 엇갈리네요. 그런데 여기저기 찾아보아도 원영이가 보이지 않아요. 아이들 모두가 찾아나서도 안 보이자 누리가 결국 외칩니다.
"못 찾겠다, 꾀꼬리! 깨금발로 나와라."
그 소리에 원영이가 웃음을 터트리며 깨금발로 톡톡 튀어나오네요. 누리가 찾은 친구들끼리 '하늘땅'으로 다시 술래를 정하고, 놀이를 계속 이어갑니다.

　다음 날 뒷산에서도 숨바꼭질이 이어집니다. 술래는 무덤가 비석을 술래 기둥 삼고 다른 아이들은 동그란 무덤 뒤에 숨어 있다가 도망 다니곤 했어요. 그런데 시간이 지나도 세영이를 찾을 수 없었어요.

　"못 찾겠다 꾀꼬리."

　술래가 외치는데도 세영이가 나오지 않자 모두 다 같이 외칩니다.

　"세영아! 세영아!"

　그러자 세영이가 산 안쪽에 있는 큰 밤나무 근처에서 나오네요. 술래잡기를 끝내고 돌아오는 길에 희연이가 세영이에게 물었어요.

　"너 밤나무 뒤에 있을 때 친구들 소리 못 들었어?"

　"응, 안 들렸어!"

　"맞아, 숨어 있으면 잘 안 들릴 때도 있더라."

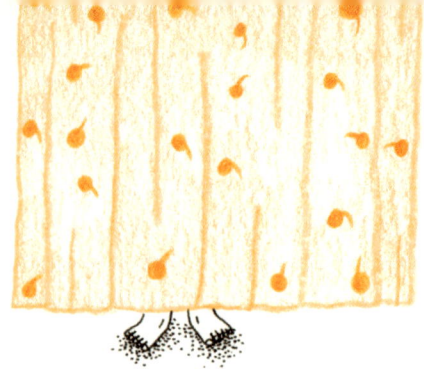

이렇게 놀아요 숨는 마음, 찾는 마음

◆ 네 살, 다섯 살 아이들은 놀이 규칙과 상관없이, 담 모퉁이나 대문 옆에 조용히 숨어 기다리다가 가까이 술래가 왔을 때 "와!" 하고 놀라게 해주는 걸 특히 좋아해요.

◆ 큰 아이들은 직접 술래를 뽑아 놀이를 꾸릴 수 있어요. 나이가 어린 아이들은 숨거나 찾는 것만 좋아하기도 합니다. 함께 어울려 놀 수 있는 폭이 큰 놀이입니다. 나이나 성별 나아가 장애가 있어도 함께 노는 것이 가능한 즐거운 놀이랍니다.

◆ 숨어 있는 시간은 고작해야 몇 분 남짓이지만 아이들에게는 짧은 시간이 아니지요. 아이들이 숨어 있는 동안 무슨 상상을 하는지 알고 싶을 때가 있답니다. 전혀 다른 세상에 있다가 오는 것 같거든요. 숨바꼭질은 이렇듯 숨은 아이와 술래가 환상과 현실의 경계를 오가는 놀이입니다.

03 까막잡기

오후 놀이 시간. 재운이가 목에 두르고 있던 털실 목도리를 얼굴에 가려보다가 눈을 가립니다.

"까막잡기하면 재밌겠다!"

재운이의 모습을 보고 있던 연준이의 말에 아이들이 같이하고 싶다며 몰려드네요.

"내가 먼저 술래다!"

아이들은 술래가 된 재운이 앞뒤에서 박수를 치며 "나 잡아봐라, 나 잡아봐라~" 하고 외칩니다.

더듬더듬 돌아다니던 재운이가 드디어 지훈이의 옷자락을 잡았어요.

"야호! 잡았다!"

재운이가 행복한 얼굴로 목도리를 풉니다.

이번에는 지훈이가 목도리로 눈을 가린 채 두 손을 들고 슬금슬금 돌아다닙니다. 다른 아이들은 구석에 자리를 잡고 술래의 손을 피해가며 박수를 칩니다. 그러다가 갑자기 연준이가 앞으로 조금 나오더니 슬쩍 지훈이에게 잡혀주네요. 연준이는 사실 술래가 하고 싶었던 것 같아요.

다시 아이들은 박수를 치고, 술래인 연준이가 몸을 홱홱 크게 돌립니다. 아이들이 연준이의 몸짓에 이전보다 더 신나게 웃으며 도망을 다니네요. 연준이는 술래가 되면 이렇게 해보고 싶었던 모양이에요. 연준이 덕분에 놀이가 더욱 재미있어졌습니다.

이렇게 놀아요 **수건 한 장만 있어도 좋아요**

◆ 까막잡기는 술래가 수건 따위로 눈을 가리고 다른 사람을 잡는 놀이입니다. 술래가 소리에만 의지해서 친구의 위치를 어림잡아야 하기 때문에 조금은 갑갑하기도 합니다. 하지만 그런 갑갑함 속에서도 소리에 귀를 기울이고 몸을 움직여 친구들을 잡는 것이 이 놀이의 재미예요. 까막잡기를 하다가 친구의 옷이나 얼굴을 만져보고 누군지 알아맞히는 놀이로 바꾸어도 아이들이 참 재미있어 합니다.

◆ 술래가 되어 눈을 가리고 친구들을 찾으러 다닐 때는 방이 넓게 느껴지는데 거꾸로 쫓기다 보면 방이 좁게 느껴집니다. 똑같은 장소지만 눈을 가렸을 때와 그렇지 않을 때 느껴지는 차이를 자연스럽게 알 수 있지요.

2장 **말놀이**

～～ 아이들은 다양한 장소에서 여러 사람으로부터 온갖 이야기를 듣습니다. 또 그렇게 들은 이야기를 다른 사람에게 하기도 하지요. 아이는 이렇게 말을 하고 들으면서 그 뜻을 조금씩 알아가고, 이런 것이 쌓이다 보면 점점 사용하는 낱말과 표현도 풍부해집니다.

～～ 여기서는 짧거나 조금 긴 말놀이를 하면서 아이들과 놀았던 이야기를 풀어보려고 합니다. 때로는 혼자, 때로는 동무들끼리 주거니 받거니 하며 이야기하는 말놀이는 아이들을 풍성한 상상의 세계로 데려갑니다. 놀이와 만난 말은 아이들의 생각하는 힘을 크게 키워줍니다.

～～ 우리 말놀이에는 선조들의 생활 풍습이 담겨 있습니다. 우리 장단과 운율 속에서 아름다운 우리 문화의 결을 자연스럽게 배우는 것이지요. 또한 말놀이 노래에는 자연과 동식물이 등장합니다. 유아기 아이들은 세상의 모든 물질이 생명과 마음을 가지고 있다는 물활론적 사고를 합니다. 해와 달, 꽃과 나무 등 노래에 등장하는 다양한 자연물을 친구처럼 여기면서 자연스레 세계에 대한 이해를 넓힙니다.

01 짧은 말놀이

(1) 장에 가자 장에 가자

이렇게 불러요
장에 가자 장에 가자
시장 가자 시장 가자

이 짧은 말놀이는 비가 오거나 눈이 와서 밖에 나갈 수 없을 때 여럿이 할 수 있는 놀이로 참 좋아요. 장에 가자 장에 가자는 팔을 안쪽으로 반쯤 접어 썰매를 타는 것처럼 힘 있게 앞뒤로 흔들며 부르는 노래랍니다.

"비가 와서 오늘은 밖에서 못 놀겠네. 우리 뭐하고 놀까? 장에 가자 할까? 장에 가자 할 사람 여기여기 모여라."
"나!"
"나두!"

"나두!"

주로 다섯에서 일곱 살 아이들이 모였습니다. 가장 어린 네 살 규형이도 왔네요.

"우리, 마트에 가서 사고 싶은 것을 사는 거야. 팔을 앞뒤로 흔들면서 '장에 가자 장에 가자'를 다 같이해야 돼. 그 다음은 돌아가면서 사고 싶은 걸 생각했다가 말하기다."

다함께 "장에 가자 장에 가자."

지원 "빵 사자 빵 사자."

다함께 "장에 가자 장에 가자."

규형 "……."

선생님 "규형이는 뭐 살까? 사과 살까?"

선생님이 형과 누나 들 사이에서 쑥스러워 선뜻 말하지 못하는 규형이를 슬쩍 이끌어줍니다.

규형 "사과 사자 사과 사자."

다함께 "장에 가자 장에 가자."

진솔 "책 사자 책 사자."

다함께 "장에 가자 장에 가자."

동민 "……."

선생님 "동민이는 뭐 살까?"

동민 "쌀."

선생님 "그래. 동민이는 쌀 산대."

다함께 "장에 가자 장에 가자."

동민 "쌀 사자 쌀 사자."

다함께 "장에 가자 장에 가자."

진석 "빵 사자 빵 사자."

선생님 "어, 빵은 아까 지원이가 했어! 얘들아 그럼 우리 어떻게 할까?

아이들 "가마솥!!"

진석이는 엎드리고 아이들은 진석이 등에 손을 올려놓고서 노래에 맞춰 신나게 등을 두드립니다.

아이들 "하늘천 따지 가마솥에 누룽지 박박 긁어서(등 긁기), 오도독 오도독 씹으면(등 살짝 꼬집기), 정말 맛있다!(두 손으로 등 두드리기)"

규형이가 형인 진석이의 등을 두드리고 긁고 꼬집으며 신이 났네요. 이제 다시 진석이부터 놀이를 시작합니다. 규형이가 안 걸리고 잘하다가 두 바퀴 돌 때 걸렸네요. 규형이가 엎드리자 아이들은 규형이의 등을 약하게 두드립니다. 아이들이 보기에도 좁은 등을 가진 규형이가 많이 아플 것 같았나 봐요.

이렇게 놀아요 **시장에는 물건이 참 많다는 것을 알아요**

◆ '시장' 대신 '놀러 가자'라는 말을 넣어 "놀러 가자 놀러 가자"라고 노래해도 좋습니다. 자연스럽게 강, 산, 나라 이름 등을 이야기하게 되지요. 놀이와 관련된 그림이나 만들기를 해도 재미있어요. 월드컵 때 일곱 살 아이들과 "나라 가자 나라 가자"로 나라 이름 말하기를 했는데 아이들이 참 재미있어 했답니다. 놀이를 하고 난 뒤 세계지도에서 다른 나라를 열심히 찾는 모습도 볼 수 있었지요.

◆ 놀이를 처음할 때는 박자를 놓치기도 하지만 차츰 자기 생각을 똑똑하게 말합니다. 놀이를 거듭할수록 다양한 분야로 관심을 넓힙니다.

(2) 뽕나무 대나무 참나무

이렇게 불러요

옛날에 뽕나무 대나무 참나무가 살았어

뽕나무가 방귀를 뽕 뀌니까

대나무가 대끼놈 하는 거야

참나무가 참아라 그랬대

"얘기 해줘! 방귀나무 얘기!"

"알았어."

　선생님은 네다섯 살 아이들이 낮잠을 자기 전에 이야기를 해달라고 하면, 짧은 이야기인 뽕나무 대나무 참나무를 들려주곤 합니다. 끝나면 또 해 달라고 해서 또 하고, 또 했더니 아이들이 새롭게 이야기 이름까지 붙였어요. 바로 '방귀나무 이야기'예요.

　아이들이 이야기를 한 달 넘게 듣다가 어느 날 저희들끼리 방귀나무 이야기를 시작하네요.

"나는 대나무."

"나는 뽕나무. 내가 먼저 했으니까 나만 뽕나무야."

"나는 그럼 참나무."

"나도."

"나도."

"내가 했으니까 안 돼."

이렇게 서로 나무를 하겠다고 한바탕 소란스럽네요. 가만히 듣고 있던 선생님이 정리를 해줍니다.

"그럼 자기가 하고 싶은 것 모두 하자."

그 다음부터는 방귀나무 이야기를 할 때, 선생님이 아이들에게 먼저 물어봅니다.

"뽕나무 할 사람?"

"대나무 할 사람?"

"참나무 할 사람?"

"너희들이 나무가 되는 거야. 각자 맡은 나무에 맞춰서 소리를 내줘."

"알았어."

"옛날 옛날에 뽕나무하고 대나무하고 참나무가 살았어. 어느 날 뽕나무가 방귀를 '뽕!'(아이들) 뀌니까, 대나무가 '대끼놈!'(아이들) 하니까, 참나무가 '참아라~'(아이들) 그랬대."

아이들이 한 번 더 하자고 조릅니다. 또 한 번 하고. 또 하고……. 아이들은 이렇게 작은 역할에도 조용히 기다렸다가 자기 차례가 오면 "뽕", "대끼놈"은 큰 소리로 말하고, "참아라"는 낮은 소리로 말합니다. 마지막에 "그랬대~"는 모두 함께 작은 소리로 나즈막히 말합니다. 잠시 고요한 세계로 들어가는 거지요.

이번에는 나무 이름을 더 많이 넣어서 해봤어요.

"옛날에 뽕나무랑 대나무랑 참나무랑 해바라기랑 피나무랑 자벌레랑 자작나무랑 살았대. 어느 날 뽕나무가 방귀를 '뽕' 뀌니까, 옆에 있던 해바라기가 '해해해' 그러니까, 피나무가 '피~' 그랬대. 그러자 대나무가 '대끼놈' 하니까 옆에 있던 참나무가 '참아라' 했대. 그러자 위에 있던 자벌레가 '자자!' 했대. 그러니까 자작나무가 '자장자장' 했대. 자장자장 잘도 잔다. 우리 아기 잘도 잔다……."

초롱초롱하던 아이들 눈이 자장가 소리에 어느새 스르르 감깁니다.

그 뒤 아이들은 스스로 이런 이야기를 만들어냈어요.

"은행나무는 은이야! 하니까, 감나무가 감자야 하니까, 호두나무는 호랑 장군 어흥!!"

아이들의 말놀이는 조금 제 마음대로지만 뭐, 따질 필요 있나요.

이렇게 놀아요 말의 높낮이가 재미있어요

◆ 이야기가 짧으니까 아이들이 금방 익혀서 주고받을 수 있어요. "참아라~" 같은 대목에서는 말의 높낮이로 말의 뜻을 섬세하게 표현할 수도 있답니다.

◆ 주변에 있는 나무 이름을 넣어 새로운 이야기를 만들 수도 있지요. '방귀나무 이야기'와는 조금 다르지만 또 다른 짧은 말놀이인 "고바우 영감이 고개를 넘다가 고개를 다쳐서 고약을 발랐더니 고대로 낫더래~"도 재미있어 한답니다.

(3) 가랫골집 영감이

이렇게 불러요

가랫골집 영감이 가래를 들고

도랑골집 영감이 도랑을 치고

가잿골집 영감이 가재를 잡고

불때골집 영감이 군불을 때고

화롯골집 영감이 화로를 내고

불담골집 영감이 불을 담아

노랑골집 영감이 노랗게 구워놓으니

꼴딱골집 영감이 꼴딱 먹어서

부릉골집 영감이 부릉부릉 하니

마소골집 영감이 마소마소 했다네

무더운 여름날. 아이들이 약수터 근처 도랑가에서 가재를 잡았어요.

"가재야 비 온다. 키 덮어쓰고 나오너라."

노래를 부르면서 돌을 들어가며 잡은 가재를 동생과 친구들에게 자랑했지요. 일곱 살 아이들은 가재를 키워보겠다며 어린이집으로 가져와 가재 그림도 그렸어요. 그런데 통에 넣어둔 가재가 하루 이틀이 지나 그만 죽고 말았어요. 그때서야 도감을 찾아본 아이들은 가재가 흐르는 물에서만 살 수 있다는 것을 알고 안타까워했어요. 아이들은 가재를 다시 약수터로 들고 가서 물가 돌 아래에 묻어주었답니다.

선생님은 약수터에 다녀온 아이들에게 가랫골집 영감이 이야기를 해주었어요.

"가랫골집 영감이 가래를 들고 가잿골집 영감이 가재를 잡고 노랑골집 영감이 노랗게 구워놓으니 꼴딱골집 영감이 꼴딱 먹어서……."

아이들이 직접 가재를 잡고, 그림을 그리고, 죽음을 보고, 묻어준 경험까지 있어서인지 정말 진지하게 노래를 들었어요. 작년에 노래를 듣고 불러본 아이들은 같이 따라 하기도 하네요. 아이들은 특히 "꼴딱 먹어서" 하는 부분을 가장 좋아했어요.

얼마 뒤 낮잠 시간에 어린아이들에게도 가랫골집 영감이 노래를 들려줬어요. 노래 속 낯선 단어와 상황 들이 궁금한 어린아이들의 질문이 끊이지 않습니다.

"영감은 뭐야?"

"할아버지를 영감이라고 말하기도 해."

"부릉골집 영감은 왜 부릉부릉 했는데?"

"골딱골집 영감이 혼자 가재를 꼴딱 먹어버려서 부릉골집 영감이 화가 난 거야. 너무 화가 나서 자동차처럼 부릉부릉 소리를 낸 거지."

선생님이 부릉부릉 소리를 내니 아이들이 까르르 좋아하네요. 이렇게 가래, 도랑, 화로, 군불 등 아이들이 궁금해하는 단어들을 옛날이야기처럼 도란도란 나눕니다. 이야기를 듣다가 몇몇 아이들은 스르르 잠이 들고 호기심 많은 아이들은 선생님 곁에 붙어서 한동안 이야기꽃을 피웠어요.

> **이렇게 놀아요** **입에 착착 달라붙는 말놀이**
>
> ◆ 어른들이 틈틈이 계속 들려주면 아이들이 어느새 익혀서 같이하는 말놀이입니다. 본격적인 긴 옛날이야기에 앞서 네다섯 살 아이들에게 이런 말놀이를 옛날이야기처럼 자주 해줘도 좋아요. 아이들끼리도 이야기를 이어가며 재미있어 합니다.

(4) 통 타령

이렇게 불러요

신통 방통 목간통 장구통

윗집 오줌통 아랫집 똥통

목수 먹통 울 엄마 젖통

못된 놈 심통 안된 놈 애통

우리 집 변기통 옆집 절구통

이 통 저 통 먹다 남은 수박통이올시다

아이들은 똥, 오줌, 방귀 이야기를 아주 좋아합니다. 이런 것들은 아이들이 서로를 놀리고 웃기는 이야기 소재가 되지요.

어제는 세 살 진환이가 마당에 똥을 쌌어요. 선생님이 자유 놀이 시간에 누룽지를 주려고 "얘들아 누룽지 먹을 사람!" 하고 불렀는데, 그 소리를 듣고 급히 달려가다가 그만 바지 사이로 똥이 흘러나왔던 거예요. 그 순간 아이들이 "똥이다!" 하며 진환이를 놀려대는데 진환이는 그저 누룽지를 향해 달려갔답니다. 이 모습에 모두들 배꼽을 잡고 웃었지요.

다음 날 오후 장구를 덩덩 치면서 통 타령을 했어요. 아이들은 어제 진환이의 모습을 떠올리며 더 재미있게 불렀지요.

"먹통은 목수가 나무에 먹줄을 그을 때 사용하는 도구란다."

선생님이 아이들에게 노랫말을 천천히 읽어준 뒤 어려운 단어는 따로 설명을 덧붙여 알려줬어요. 그리고 어떤 말이 들어가면 좋을지 아이들에게 생각하게 한 뒤 답을 같이 만들어 넣었답니다. "아랫집 똥통" 할 때는 "진환이 똥통" 하며 바꿔 부르기도 했어요.

"신통 방통 목간통 장구통."

아이들이 선생님 장구 장단에 맞춰 부릅니다.

"우리 집 변기통, 울 엄마 젖통."

통을 말할 때는 더 큰 소리로 부릅니다. 아이들은 변기통 할 때 웃고, 울 엄마 젖통 할 때는 "으아~변태야!" 하고 소리를 질렀어요. 그런데 주호가 "아니야, 섹시한 거야!" 하고 말하니 모두 깔깔거렸습니다. 한바탕 웃고 난 뒤 선생님이 아이들에게 번갈아 불러보자고 합니다.

"목수 먹통 울 엄마 젖통."

"못된 놈 심통 안된 놈 애통."

"우리 집 변기통 옆집 절구통."

"이통 저통 먹다 남은 수박통이올시다."

아이들은 통통 할 때 딱딱 끊어지는 맛을 재미있어 했어요. 놀랍게도 잠깐 사이에 노래를 다 외운 아이들이 다음 날 아침 열기 시간에 노랫말을 보지 않고 불렀어요. 그 뒤 여섯, 일곱 살 아이들끼리 모여 틈틈이 노래도 하고 서로 경쟁하듯 속도를 내서 부르기도 했어요. 두 명씩 주고받기를 할 때는 더 신나게 노래를 불렀답니다.

어느 날 저녁 시간, 장구 소리가 둔탁하게 들려 소리를 따라가보니 네 살 두희가 "우리 집 변기통, 울 엄마 젖통" 하며 세워놓은 장구를 손바닥으로 치면서 흥얼흥얼 노래를 부르고 있었어요.

> **이렇게 놀아요** **장단에 맞춰 신나게 부르는 통 타령, 똥 타령**
>
> ◆ 단어 첫 소리에 힘을 주어 노래하면 운율이 살아 더 재미있습니다. 또한 어른들이 북이나 장구 등 타악기를 치면서 북돋아주면 노래 맛이 더욱 살아납니다.
>
> ◆ 아이들이 잘 모르는 목수 먹통이나 절구통은 옛날이야기를 들려주듯 설명해주면 더욱 좋아요.

02 긴 말놀이

(1) 꼬부랑 할머니

이렇게 불러요

꼬부랑 할머니가

꼬부랑 댕기를 하고

꼬부랑 치마를 입고

꼬부랑 지팽이를 짚고

꼬부랑 강아지를 데리고

꼬부랑 길로 가다가

꼬부랑 똥이 마려워

꼬부랑 나무에 올라가

꼬부랑 똥을 누니까

꼬부랑 강아지가

꼬부랑 똥을 납죽 먹어버린 거야

꼬부랑 할매가 꼬부랑 지팽이로 꼬부랑 강아지를 딱 때리니까

꼬부랑 깨갱 꼬부랑 깨갱

니 똥 먹고 천 년 사나 내 똥 먹고 만 년 살지, 하매 도망갔다 카데

나들이를 가는 길에 꼬부랑 길이 하나 있어요. 공터와 집 사이에 난 작은 숲길인데 약간 구부러져 있지요. 길 이름을 정하는 놀이를 하면서 아이들이 이런저런 이름을 말하더니 결국 '꼬부랑 길'로 정했어요.

선생님이 막대기 하나를 들고서 아이들에게 말합니다.

"물따라(선생님)가 꼬부랑 할머니다. 너희들도 따라와."

선생님이 할머니 흉내를 내니 아이들이 까르르거리며 재미있어 합니다. 평소에 막대기 갖고 노는 걸 좋아하는 아이들이 신이 나서는 허리를 구부린 모습으로 할머니 흉내를 내며 선생님을 따라갑니다.

선생님 "꼬부랑 할머니가."

아이들 "꼬부랑 할머니가."

선생님 "꼬부랑 댕기를 하고."

아이들 "꼬부랑 댕기를 하고."

선생님 "꼬부랑 치마를 입고."

아이들 "꼬부랑 치마를 입고."

선생님 "꼬부랑 나무에 올라가."

아이들 "꼬부랑 나무에 올라가."

선생님 "꼬부랑 똥을 누니까."

아이들 "꼬부랑 똥을 누니까."
선생님 "꼬부랑 강아지가."
아이들 "꼬부랑 강아지가."
선생님 "꼬부랑 똥을 납죽 먹어버린 거야."
아이들 "꼬부랑 똥을 납죽 먹어버린 거야."
선생님 "꼬부랑 할매가 꼬부랑 지팡이로 꼬부랑 강아지를 딱 때리니까, 꼬부랑 깨갱 꼬부랑 깨갱, 니 똥 먹고 천 년 사나 내 똥 먹고 만 년 살지, 하매 도망갔다 카대."

평소에 그냥 걸어가던 나들이 길이 꼬부랑 할머니 노래 하나로 풍성해집니다. 그 뒤로도 아이들은 막대기만 있으면 놀이터에서 지팡이를 짚고 '꼬부랑꼬부랑' 하며 자주 놀았어요.

"정운아 우리한테 재미있는 이야기 하나 해주지 않을래?"
아이들이 전부 모여 있던 어느 날, 선생님이 평소 부끄러움 많은 일곱 살 정운이에게 묻습니다. 처음엔 조금 주저하는 듯하던 정운이가 천천히 이야기를 들려주었는데 바로 꼬부랑 할머니였어요! 정운이가 이야기를 끝내자 모든 아이들이 박수를 쳤고 정운이는 뿌듯한 얼굴을 하고서 제자리로 돌아갔지요.

이렇게 놀아요 **꼬부랑 할머니의 비밀**

◆ 꼬부랑 할머니 노래를 아이들이 대소변 가리기를 할 때 불러주면 도움이 됩니다. 돌 무렵부터 "꼬부랑 할머니가 꼬부랑 지팽이를 짚고……." 하면서 노래를 불러주면 '꼬'자를 부를 때마다 배에 힘이 들어가 똥을 누기가 수월해지지요.

◆ 꼬부랑 할머니 노래에는 '을, 를, 로, 고, 가, 에, 이, 하고, 니까, 나'처럼 말을 이어갈 때 반드시 있어야 하는 한글의 거의 모든 붙임씨(조사)가 숨어 있습니다. 아이들이 꼬부랑 할머니 이야기를 다 이해할 수 있을 때가 되면 말하기를 반 정도 끝냈다고 해도 좋을 것 같아요. 생각해보세요. 붙임씨를 마음껏 쓸 줄 안다면 이야기를 이어가기가 얼마나 쉽겠어요.

◆ 아이들에게 "꼬부랑이 몇 번 들어갔는지 알아보자"고 하면 귀를 쫑긋 세우고 집중하면서 손가락으로 셈을 합니다. 이렇게 하면 듣는 힘이 절로 생기지요.

(2) 강가가 강똥을 싸니까

이렇게 불러요

강가가 강똥을 싸니까

김가가 김을 무럭무럭 내니까

장가가 장대로 꿰니까

박가가 바가지로 푸니까

지가가 지게로 지니까

유가가 누가 먹겠니 하니까

나가가 나도 나도

저가가 저도 저도

임가가 임큼임큼 다 먹으니까

우가가 울먹울먹 하니까

홍가 양가가 홍홍양양 홍홍양양

나도 먹을래 홍홍 나도 먹을래 양양

강가가 강똥을 싸니까는 선생님이 다섯 살 아이들에게 낮잠 자는 시간에 매일 해주는 이야기 가운데 하나예요. 이야기를 들으며 스르르 잠을 자는 아이도 있고 "홍홍양양", "홍홍양양"을 따라 하며 재미있어 하는 아이도 있어요.

"똥 이야기해줘."

"무슨 똥?"

"강가가~ 하면서 시작하는 이야기!"

"아, 알았어."

사실 아이들이 처음 이 노래를 들었을 때는 바로 이해하지 못했어요. 하지만 선생님의 설명으로 사람 성씨에 재미있는 노랫말을 붙인 걸 이해하고서는 무척 좋아하게 됐어요. 선생님은 이 노래를 여러 번 불러주고 나서 "여기 강가가 있나? 유가가 있나?"로 이야기를 펼쳐나가기도 하지요.

어느 날 아이들 한 명 한 명의 성과 이름을 가지고 놀이를 했어요.
"강가가 강똥을 싸니까."
"강윤 언니 강."
"김가가 무럭무럭 내니까."
"김솔 김."
"지가가 지게로 지니까."
"김지현 지."
"장가가 장대로 페니까."
"우리 엄마 장명은이야. 장."
"박가가 바가지로 푸니까."
"박진서 형아."
"유가가 누가 먹겠니 하니까."
"유승아 언니."
"나가가 나도 나도."
"나재연 나."

"저가가 저도 저도."

"한결 오빠 전이야, 너네 모르지 지금 2학년이다!"

"임가가 임큼임큼 다 먹으니까."

"임훈 임이야."

"우가가 울먹울먹 하니까."

"우진주, 우리 엄마 우야."

"홍가 양가가."

"홍정민 언니 홍."

한참 노래를 부르다가 누군가 "그런데 양은 없네" 하고 말하니 여진이가 "나야! 나를 여진 양! 여진 양! 부르거든" 했어요. 그리고 모두 함께 "홍홍양양 홍홍양양, 나도 먹을래 홍홍, 나도 먹을래 양양" 하며 즐겁게 마무리했답니다.

그런데 노래를 하다 보니 기존 노랫말에는 없는 성들이 많아서 자기 이름이 불리지 않은 아이들은 조금 실망하는 눈치였어요. 그래서 "배가가 배가 아파서"라는 식으로 노랫말을 만들어 불렀답니다. 노랫말이 마음에 안 들어 울먹울먹하며 "나 그거 안 할래" 하는 아이는 슬쩍 빼주기도 했어요.

며칠 후, 아침 열기 시간에 일곱 살 아이들이 선생님에게 이야기를 해달라고 졸랐어요. 짧은 이야기를 해줘야 하는데 뭐가 좋을까 하며 고민하던 선생님은 강가가 강똥을 싸니까 이야기를 떠올렸지요. 그런데 이야기를 시작하자마자 다섯 살 아이들이 끼어들어 저희들끼리 입을 맞춰 노래를 이어나가지 뭐예요. 순간 일곱 살 아이들도 놀라고 선생님도 깜짝 놀랐답니다.

이렇게 놀아요 **재미있는 성 또는 이름 풀이 놀이**

◆ 아이들은 여기저기에서 이름을 가져오다가 조금 지나면 같은 방에서 함께 지내는 친구들 성을 넣어서 노래를 부릅니다. 성이 아니어도 이름 가운데 글자나 끝 글자를 넣어서 자유롭게 해도 좋아요. 여러 번 해보는 것이 중요하답니다.

◆ 이 노래를 하면서 아이들은 자연스럽게 이름이 들어간 형, 동생, 엄마, 아빠, 할머니, 할아버지 등 가족을 떠올리고 친구와 이웃의 이름을 떠올리며 즐깁니다.

03 서로 주거니 받거니 하는 말놀이

(1) 쥐야 쥐야

이렇게 불러요

쥐야 쥐야 너 어디에서 잤니?
　부뚜막에 잤다
뭐 덮고 잤니?
　행주 덮고 잤다
뭐 베고 잤니?
　주걱 베고 잤다
뭐가 깨물더나?
　고양이가 깨물더라
무슨 피가 났니?
　빨간 피가 났다

네 살에서 다섯 살 아이들과 함께 점심시간 뒤 낮잠을 준비하며 쥐야 쥐야 노래를 조금 바꾸어 불러보았어요. '쥐야 쥐야' 대신 다섯 살 여자 아이 이름을 넣어보았답니다.

선생님 "연지야 연지야, 어디서 자니?"
연지 "산집에서 잔다."
선생님 "뭐 베고 자니?"
연지 "베개 베고 잔다."
선생님 "뭐 덮고 자니?"
연지 "이불 덮고 잔다."
선생님 "뭐가 깨물더냐?"
연지 "서민이가 깨물더라!"

좀 전에 서민이란 아이와 다퉜던 연지는 서민이 이름을 노래에 넣었어요. 연지는 곧 다른 아이들과도 노래를 주고받습니다.

연지 "기차야 기차야, 어디서 자니?"
주용 "지하철에서 잔다."
연지 "뭐 베고 자니?"
서민 "바퀴 베고 잔다."
연지 "뭐 덮고 자니?"
기쁨 "이불 덮고 잔다."
아이들 "기차 이불은 무지 크겠다."
연지 "학아 학아, 어디서 자니?"

주용 "엉덩이에서 잔다."

연지 "뭐 베고 자니?"

주용 "똥 베고 잔다."

연지 "뭐 덮고 자니?"

주용 "똥 덮고 잔다."

주고받는 말이 조금 제멋대로일 때도 있지만 이렇게 한동안 아이들 스스로 말놀이를 이어갔습니다.

한 달쯤 지난 어느 날 연지와 재운이가 노래를 부릅니다.

재운 "연지야 연지야, 어디서 자니?"

연지 "청노루(선생님)랑 잔다."

재운 "아니, 아니, 어디서 자냐구!"

연지 "청노루 옆에서 잔다고!"

재운 "그게 아니라 어린이집이잖아!"

연지 "응, 알았어!"

재운 "뭐 베고 자니?"

연지 "이불 베고 잔다."

재운 "아니지, 베개 베고 잔다고 해야지!"

연지 "베개 아니고 이불이야!"

실은 연지가 베개를 가져오지 않아서 선생님이 작은 이불을 베개처럼 만들어주었지요.

재운 "정말이네."

연지 말대로 정말 이불인 걸 알게 된 재운이가 배시시 웃었습니다.

> **이렇게 놀아요** **언제 어디서나 할 수 있는 말놀이**
>
> ◆ 선생님이 먼저 "쥐야 쥐야~"를 부르고 아이들에게 자연스럽게 말을 넘기면 아이들 스스로 말을 바꾸어 놀이하는 것을 즐깁니다.
>
> ◆ 묻고 답하는 것을 어려워하는 아이들도 놀이를 하면서 여러 번 주고받다보면 자연스럽게 말을 이어갑니다.

(2) 수수께끼

"물따라(선생님), 수수께끼 내줘!"
"좋아! 맞추면 뽀뽀 선물해줄게!"
선생님의 말에 큰 아이들이 "우웩!" 합니다.
"그럼 수수께끼 낸다. 어……, 감은 감인데 못 먹는 감은?"
"나! 나! 나!" 하며 아이들 손이 저마다 번쩍 올라오는데 다섯 살 회성이가 먼저 말합니다.
"썩은 감!"
"맞았어, 그런데 과일은 아니야."

"그럼, 나!"

다섯 살 세진이가 손을 번쩍 들었습니다.

"그래, 세진이가 말해 봐!"

"응! 도깨비."

아이들 웃음이 터집니다.

"힌트 좀 줘."

"두 글자야."

아이들이 생각에 잠깁니다. 서너 살 어린 아이들은 동그랗게 눈을 뜨고 형들과 선생님을 쳐다보네요. 그때 평소 조용한 일곱 살 현준이가 가만히 손을 들었어요.

"현준이!"

"독감이야!"

현준이가 선생님도 예상하지 못한 명답을 내놓았습니다.

"사실 물따라는 '영감'을 답으로 생각하고 있었어. 어떡할까?"

아연이가 "현준이 말이 맞아! 두 글자고, 독감도 못 먹는 거잖아!"라고 말합니다. 아이들 모두 "맞아, 맞아" 합니다. 현준이는 어떻게 그런 생각을 했을까요? 여기저기서 응원이 대단하고, 현준이는 스스로 뿌듯하고 자랑스러운 표정입니다.

"알았어, 물따라도 배웠다. 수수께끼 수첩에 적어놓을게. 현준이 뽀뽀 선물!"

현준이가 달려나오고, 아이들은 부러운 표정으로 바라봅니다.

"물따라가 마지막 수수께끼를 낼게. 힌트는 과일이야. 보름달 안에 반달이 총총히 박혀 있는 것은?"

"사과! 배! 포도! 토마토!"

아이들이 평소 좋아하는 과일이란 말에 신이 나서 이야기합니다.

"소은이!"

"귤!"

"딩동댕~."

"소은이 뽀뽀 선물!"

소은이가 선생님에게 뽀뽀를 합니다. 그 뒤로 아이들은 나들이를 가서도 서로서로 수수께끼를 내고 맞히며 놀았어요.

"동그란데, 나무에서 떨어지는 것은?"

"넓은데, 솜이 가끔씩 있는 것은?"

어느 날 아침, 일찍 온 아이들끼리 수수께끼를 내고 맞히는 모습이 보입니다. 혜림이가 "우리 어린이집에서 제일 밥을 안 먹는 사람은?"(사실 이건 수수께끼는 아니지만) 하고 질문을 던졌어요.

"이지완!"

세 살 지완이는 평소에 아침밥 먹기를 어려워했어요. 그러자 옆에 있던 지완이 형 지운이가 한마디 덧붙입니다.

"나도 낼게! 우리 집에서 제일 밥을 안 먹는 사람은?"

"이! 지! 완!"

그동안 동생 때문에 형 지운이가 많이 속상했나 봐요. 밥을 먹지 않는 지완이 때문에 자신이 엄마에게 억울하게 야단맞은 일을 선생님께 줄줄 이야기합니다. 수수께끼를 하면서 평소에 말이 없던 지운이가 스스럼없이 자기 이야기를 꺼내놓네요. 그러는 동안 지운이의 마음이 조금씩 풀리는 것 같았어요.

> **이렇게 놀아요** **말놀이의 꽃, 수수께끼**
>
> ◆ 평소에 눈여겨보았던 것이나 아이들이 낸 수수께끼들을 작은 공책에 적어놓으면 아주 재미있는 책이 된답니다. 나중에 차를 타고 가거나 길을 가면서 이렇게 모아놓았던 수수께끼를 하나씩 꺼내 주고받으면 아이들이 참 재미있어 해요.
>
> ◆ 아이들이 직접 수수께끼를 만들다 보면 우리 곁에 있는 평범한 것들을 다르게 보는 눈을 갖게 되지요.

(3) 숫자놀이

이렇게 불러요

하나는 뭐니?

　하나는 달이지

둘은 뭐니?

　둘은 안경알

셋은 뭐니?

　셋은 지겟다리

넷은 뭐니?

　넷은 책상 다리

다섯은 뭐니?

　다섯은 손가락

여섯은 뭐니?

　여섯은 파리 다리

일곱은 뭐니?

　일곱은 북두칠성

여덟은 뭐니?

　여덟은 문어 다리

아홉은 뭐니?

　아홉은 구미호 꼬리

열은 뭐니?

열은 오징어 다리

선생님이 달력 뒷면에 쓴 숫자놀이 종이를 벽에다 걸었어요. '하나는 뭐니? 둘은 뭐니?' 하는 식의 질문은 보이게 하고 답 부분은 뗄 수 있는 종이로 가렸지요. 벽 앞으로 모여든 아이들에게 선생님이 묻습니다.

"하나는 뭐가 있는지, 둘은 뭐가 있는지 너희들이 답을 하면 내가 옆에다 적을게. 그리고 내가 쓴 답도 뭔지 같이 보자. 하나는 뭐니?"

아이들이 처음이라 어리둥절해하네요.

"힌트를 줄까? 하늘에 떠 있는 건데……."

"아~ 해!"

선생님이 "맞아" 하고 응답해주니 뒤이어 "우리 엄마, 우리 아빠, 내 동생"과 같은 답이 이어지네요. 선생님이 미리 적어놓은 '달'을 보여주니 "지구, 금성, 목성" 하고 또 쏟아져 나옵니다. 둘로 넘어가니 "젓가락, 눈, 귀" 하다가 "콧구멍"이라는 대답에 아이들 모두 "하하하" 웃네요. 그런데 셋에서는 모두가 조용합니다. 한참 있다가 재선이가 "선풍기 날개!"라고 말했어요. 일순간 모두들 선풍기를 쳐다보더니 "정말이네!" 하고 놀랍니다. 선생님이 쓴 '지겟다리'를 보고 의아해하는 아이들에게 "지게는 작대기가 있어야 해서"라고 설명해줬더니, 이해하며 받아들이는 아이가 있는가 하면 "그래도 다리는 두 개잖아" 하고 끝까지 반박하는 아이도 있네요. 넷은 개 다리, 소 다리, 돼지 다리, 자

동차 바퀴 등 다양한 대답을 내놓습니다.

다섯에서 손가락, 발가락까지 잘 얘기하더니 여섯에서는 선뜻 입을 여는 사람이 없네요. 이때 수용이가 "주사위!" 합니다. 아이들이 "왜?" 그러니까 수용이가 뛰어가서 주사위를 가져와 주사위 면에 있는 점을 세어봅니다. 자신을 선뜻 믿어주지 않은 친구들에게 조금 화가 난 듯한 표정을 하고서요.

"봐, 하나 둘 셋 넷 다섯 여섯이잖아!"

아이들 "정말이네!"

일곱에서는 한진이가 "내 나이!" 하니까 아이들이 "아~" 하고, 또 조용히 생각하던 영은이가 "무지개!" 하고 말하니 선생님도 아이들도 모두 "와" 하며 놀랍니다. 여덟에서는 작년에 졸업한 형들의 이름을 줄줄이 말했지요. 아홉에서는 어려워해서 선생님이 쓴 구미호 꼬리라는 답을 보여주니 또 모두 놀라네요.

열에서는 동우가 "큰 차바퀴!"라고 답했어요. 친구들이 "무슨 차?" 하고 물으니까 동우가 "나 봤어, 우리 집 가는 길에 자동차를 싣고 가는 큰 차의 바퀴가 열 개였어!"라며 이전 기억을 되살려 친구들에게 설명했어요. 그랬더니 누군가 또 "나도 차를 싣고 가는 커다란 차를 본 적이 있기는 한데 그 차바퀴가 몇 개인지는 모르겠어"라고 합니다. 동우는 선뜻 동조해주는 친구들이 없으니 억울하다는듯 "진짜야!" 하고 목소리를 높였어요. 선생님과 아이들은 나중에 차를 싣고 가는 차가 있으면 바퀴를 꼭 세어보기로 하고 마무리를 했습니다.

아이들이 이야기한 것을 옆에다 써서 붙여놓았더니 이후에도 다시 눈여겨보았어요. 또 나중에 답이 생각난 아이들이 다른 답을 덧붙여 써넣기도 했어요.

이렇게 놀아요 **아이들의 눈부신 상상력을 볼 수 있는 숫자놀이!**

◆ 숫자놀이를 했던 큰 종이를 붙여놓으면 나중에라도 아이들이 오며 가며 생각 끝에 나온 것들을 적기도 합니다. 일곱 살 아이들은 종이나 공책에 쓰게 하거나 그림으로 그려도 좋아요.

◆ 아이들은 숫자놀이를 통해 숫자와 주위 사물을 연결하여 모양을 관찰하고 특징을 알아냅니다. 자연스럽게 여러 사물에 대한 관심이 확장됩니다.

3장 노래놀이

〜〜 아이들이 놀다가 입에서 터져나오는 말에 가락이 붙으면 노래가 됩니다. 이것이 '전래동요'가 만들어진 원리이지요. 요즘 동요와 다른 것은 모두 다 아이들이 만들었다는 점입니다. 이렇게 아이들이 놀이를 하면서 부르는 노래는 놀이를 더 재미있게 만들어줍니다. 놀이와 노래가 한 몸이 되었을 때 아이들이 훨씬 재미를 느끼는 것은 당연한 일이겠지요. 지금은 놀이 따로 노래 따로, 이렇게 놀이와 노래가 헤어졌답니다.

〜〜 놀이와 노래가 하나로 어울려 있는 것이 '전래동요'입니다. 전래동요라는 말 보다는 '아이들 노래'라는 말이 더 좋은 것 같습니다. 이러한 아이들 노래 속에는 동물, 식물, 해, 달, 산, 나무 등등 온갖 자연이 노래 곳곳에 나와 절로 아이들 마음을 건강하게 합니다. 노래하면서 놀고, 놀면서 다시 노래를 만들었던 옛 아이들의 노래놀이 세계로 들어가 볼까요. 이 세계에서 아이들은 온갖 천체와 동식물에게 말을 걸고 이야기를 나눕니다.

01 말 탄 양반 꺼덕

이렇게 불러요

말 탄 양반 꺼덕

소 탄 양반 꺼덕

선생님과 아이들은 해마다 9월이면 열리는 지역 축제인 마당극제를 보러갑니다. 올해도 아이들과 탈춤 구경을 하고 너른 잔디 마당에서 놀기로 했지요. 널뛰는 곳에서 아이들이 왔다갔다 뛰어다니다가 긴 대나무를 발견하더니 그것을 가랑이 사이에 넣고서 노래를 부르며 어린이집에서 했던 놀이를 합니다.

"말 탄 양반 꺼덕, 소 탄 양반 꺼덕, 말 고추도 꺼덕, 소 고추도 꺼덕."

놀이마당을 진행하던 아저씨들이 아이들이 노는 것을 보고 뒤따르네요. 아이들처럼 대나무를 다리 사이에 끼고 노래를 부르며 다리를 번쩍번쩍 듭니다.

"말 탄 양반 꺼덕, 소 탄 양반 꺼덕, 말 고추도 꺼덕, 소 고추도 꺼덕."

어른들이 자기들 노래를 따라 부르니 아이들은 더욱 신이 납니다.

이 일이 있은 뒤로 아이들은 막대기만 보이면 여기저기서 말 탄 양반 꺼덕을 부르며 죽마타기를 했어요. 큰 아이들은 그렇게 마당에서 놀고, 세 살 재우와 호준이는 형들이 노는 것을 보기만 했지요. 그러던 어느 날 재우와 호준이가 가지고 놀던 종이 블록 두 개를 세워놓고 흔들흔들하며 노래를 불렀어요.

"말 탄 양반 꺼덕, 소 탄 양반 꺼덕."

둘이서 종이 블록을 움직이며 재미있게 웃고 노는 모습을 보던 선생님도 블록을 가지고 살짝 끼어들어 함께 놀았답니다.

이렇게 놀아요 남자아이들이 더욱 좋아하는 대나무 죽마타기 놀이

◆ 아이들이 가지고 놀 수 있도록 길이가 1미터 정도 되는 대나무를 사포로 잘 문질러 준비해 놓으면 아이들이 다리 사이에 끼고 돌아다니며 재미있게 놀아요.

◆ 네다섯 살 어린아이들은 형들 중간에 끼어 같이 놀아요. 서로 마음을 모아 다리를 들며 노래하기 때문에 장단에 맞춰 놀이하는 '여럿이 놀이'가 됩니다. 더 어린아이들은 교사나 부모가 엎드려 말을 태워주면서 놀아보세요.

고추장 된장 / 놀귀 들귀

이렇게 불러요

고추장 된장

고추장 된장
 고추장
꼭꼭 눌러라

고추장 된장
 된장
되게 눌러라

놀귀 들귀

놀귀냐 들귀냐
 놀귀

놀귀 놀귀 놀귀

놀귀냐 들귀냐
 들귀
들귀 들귀 들귀

하나 - 고추장 된장

아침에 일찍 온 네 살 지나가 기분이 좋지 않은지 무표정하게 앉아 있네요. 선생님이 그런 지나의 기분을 풀어주려고 슬쩍 뒤로 가서 손으로 지나의 눈을 가립니다. 목소리도 살짝 바꿨지요.

"누구게?"

"……."

"고추장, 된장?"

"……된장."

"되게 눌러라."

"열쇠, 자물쇠?"

"……."

"열쇠, 자물쇠?"

"……."

옆에서 보던 친구 인주가 답답한 듯 "열쇠 하면 열려!" 하고 알려줍니다.

"열쇠, 자물쇠?"

"……열쇠."

선생님은 "철커덩, 열렸다!" 하며 손을 풀었어요. 그런데 어리둥절할 줄 알았던 지나의 표정이 밝네요.

"또 해줘!"

지나의 기분이 한결 나아진 것 같아요. 다른 아이들도 "나도 해줘" 하며 선생님의 무릎을 파고듭니다. 선생님은 순서대로 돌아가며 해주기로 했어요.

"열쇠, 자물쇠?"

"자물쇠."

"열쇠, 자물쇠?"

"자물쇠."

"계속 자물쇠하기 없음이야!"

장난꾸러기 아이들이 '자물쇠'를 계속 말해 놀이가 끝나질 않네요. 그래서 '자물쇠'는 세 번만 하기로 약속했어요.

어느 날 아침, 아이들 손 씻기를 도와주고 있는 선생님의 등 뒤로 누군가 조용히 다가가 선생님 눈을 가립니다.

"누구게?"

선생님은 눈을 가린 사람이 지나라는 걸 금방 알아차렸어요.

"지나!"

"고추장, 된장."

"된장."

"되게 눌러라."

"열쇠? 자물쇠?"

"열쇠!"

"열렸다!"

항상 아이들에게 고추장 된장놀이를 해주기만 했던 선생님이 지나에게 놀이를 당해보니 색다른 느낌이 들었어요. 눈을 가렸다 열어주니 순간 무척 시원한 느낌이 들었지요. 선생님은 새삼 네 살 지나의 손끝도 야무지다는 걸 알았어요.

둘 - 놀귀 들귀

아직 말을 잘 못하는 세 살 상언이가 마루를 돌아다닙니다. 선생님은 살그머니 뒤로 가서 상언이의 부드러운 귀를 살짝 잡았어요.

"놀귀냐? 들귀냐?"

"놀귀!"

"놀귀, 놀귀, 놀귀."

선생님이 부드러운 상언이의 귀를 살살 주물러줍니다.

"놀귀냐? 들귀냐?"

"들귀!"

"들귀, 들귀, 들귀."

이번에는 선생님이 상언이의 턱을 두 손으로 받친 상태에서 조금씩 천천히 머리를 올려줬어요. 그리고 머리를 살짝 올린 상태로 "서울 봤냐?" 하고 묻습니다.

"서울 봤냐?"

"서울 봤다!"

머리를 들어올릴 때 조금 긴장했는지 몸을 살짝 들더니 이내 까르르 웃습니다. 제멋대로 몸을 움직일 줄 알았던 상언이가 의외로 잠자코 앉아 즐기며 놀귀 들귀놀이를 했어요. 이제는 옆에서 구경하던 다른 아이들까지 쪼르르 달려와 선생님께 매달리네요. 다른 형들에게 자리를 뺏기지 않으려는 상언이도 연신 두 손으로 귀를 만지며 귀여운 얼굴로 선생님을 조릅니다.

이렇게 놀아요 **눈과 귀가 시원한 놀이**

◆ "고추장 된장" 하면서 눈을 꼭꼭 눌러줬다가 천천히 손을 떼어주세요. 아이들은 눈이 세게 눌렸다가 천천히 열리면서 시원하고 밝은 곳으로 나오는 느낌을 갖지요. 아이들이 심심해하거나 표정이 안 좋을 때 살짝 고추장 된장놀이를 해줬다가 마음속 이야기를 풀어나가도 좋아요.

◆ 아이가 놀이를 하면서 놀귀와 들귀의 말뜻을 자연스레 이해합니다. ('놀귀'에서는 노는 행동, '들귀'에서는 들어올리는 행동) 들귀를 해줄 때 할머니 할아버지 집이 어디인지 물어보고 "부산 봤니?", "전주 봤니?" 하는 식으로 묻기도 하지요. 아이들은 선생님이 턱을 받쳐 들어올려 줄 때 긴장과 재미를 동시에 느껴요. 이때 몸을 쭉 펴서 척추도 곧아집니다.

03
앞산아 당겨라 뒷산아 밀어라

이렇게 불러요

앞산아 당겨라 뒷산아 밀어라

화요일은 세 살부터 일곱 살 아이들 모두 함께 노는 날이에요. 선생님이 오늘은 어디로 나들이를 가면 좋을지 아이들에게 묻습니다.
"오늘은 어디로 나들이 갈까?"
"용마골!"
"열린산!"
"오늘은 동생들이 많으니까 비행기 놀이터에 가자."
아이들이 저마다 가고 싶은 곳을 말하는데 여섯 살 세정이가 놀이터를 가자고 했어요. 선생님과 친구들 모두 동생들을 배려하는 세정이의 마음에 감동했답니다.
아이들이 서로 짝을 지어 '비행기 놀이터'에 도착했어요. 뜀박질을 잘하는 형들이 먼저 그네에 닿았네요. 두 개밖에 없는 그네에 아이들이 우르르 매달립니다. 아이들은 모두 돌아가며 그네를 탈 수 있도록 각각 열 번씩 타기로 약속했어요. 셈을 하는 것은 숫자 세기를 아주 좋아하는 도윤이가 맡기로 했지요. 모두 그네 앞에 줄을 서서 제 차례가 오기를 기다립니다. 형이 동생을 밀어주기도 하고 친구가 서로 밀어주기도 해요. 도윤이는 옆에서 열심히 하나, 둘, 셋, 빠짐없이 셈을 합니다. 그러던 중 한 아이가 불쑥 노래를 불렀어요.

"앞산아 당겨라 뒷산아 밀어라."

어느새 다른 아이들도 입을 맞춥니다. 앞으로 그네를 밀 때는 "앞산아 당겨라" 뒤로 갈 때는 "뒷산아 밀어라" 하고 노래를 불렀지요. 그네를 타는 아이의 얼굴에는 웃음이 피어나고 아래에서 노래를 부르는 아이들도 신이 났어요. 도윤이도 하나 둘 숫자를 세면서 웃습니다.

목요일에는 약수터에 갔어요. 동네 할아버지들이 나무에 밧줄을 매달아 만든 그네가 있었지요. 둘씩 짝을 지어 쌍그네를 탔습니다. 그네 구르는 요령을 아는 아이들은 선생님이 처음에만 조금 도와주면 이내 곧 멀리까지 그네를 밀며 잘 탔어요.

이번에도 그네를 밀고 당기는 속도에 맞춰 노래를 부릅니다.

"앞산아 당겨라~ 뒷산아 밀어라~."

그네 줄이 길어서 천천히 왔다갔다 하니 아이들도 노래를 천천히 부릅니다.

"앞산아~ 당겨라~~ 뒷산아~ 밀어라~~."

이렇게 놀아요 **걱정이 사라지는 그네 타기 노래**

◆ 아이들이 놀이터에서 그네를 밀어달라고 할 때 그네의 속도에 맞춰 "앞산아 당겨라 뒷산아 밀어라" 하고 노래를 불러줍니다. 처음에는 어른들이 옆에서 불러주지만 아이들 귀에 익으면 다음에 탈 때 저절로 아이들끼리 노래를 부른답니다.

◆ 상상력은 늘 가까이에 있습니다. 그네가 올라가고 내려올 때 노래를 함께 부르면 앞산이 당겨주고 뒷산이 밀어주었다 상상할 수 있답니다. 마치 하늘을 나는 기분도 들지요. 산과 나를 관계 짓는 마음이 노랫말 속에 담겨 있습니다. 몸의 균형을 잡아주는 것은 덤이지요.

04
천 길이냐 만 길이냐

이렇게 불러요

천 길이냐 만 길이냐

내 다리 부러지지 말고 황새 다리 부러져라

고추장 먹고 힘내라

늦은 저녁, 아이들이 엄마를 기다리며 놀고 있습니다. 오늘은 웬일인지 저녁 여섯 시 무렵이면 오시던 여섯 살 은수와 네 살 은준이 엄마가 일곱 시가 되도록 오시지를 않네요. 거의 모든 아이들이 집으로 돌아가고 남아 있는 아이들 몇이서 책을 읽고 나무 블록놀이도 하지만 도무지 신이 나지 않습니다. 같이 놀던 친구들이 없으니 평소에 재미있던 놀이도 시시한가 봐요. 은수가 함께 놀던 현이와 현이 아빠까지 블록을 정리하고 집으로 돌아가자 책상 위에 홀로 앉아 있습니다.

"은수야! 이리 와!"

선생님 목소리를 듣고 은수가 책상 위에서 펄쩍 뛰어내려 왔어요.

선생님은 그 모습을 보고 은수와 뛰어내리기놀이를 하기로 합니다.

"우리 여기서 '천 길이냐 만 길이냐' 할까?"

"응!"

은수는 말이 끝나기 무섭게 다시 책상 위에 올라가 펄쩍 뛰어내렸어요. 선생님이 이번에는 두 개의 낮은 책상을 쌓아올립니다.

"이제는 여기서 뛰는 거야."

"그래!"

자신 있는 말과 달리 긴장하는 빛을 보이는 은수를 위해 선생님이 응원을 합니다.

"고추장 먹고 힘내라! 퍼얼~쩍!"

순간 은수가 용기를 내어 책상에서 뛰어내렸어요. 은수는 이내 곧 해냈다는 뿌듯함으로 환한 얼굴이 되었지요. 다른 방에서 이 소리를 들은 다섯 살 창훈이와 진한이가 우르르 달려와 자기들도 뛰겠다고 합니다.

"고추장 먹고 힘내라."

"내 다리 부러지지 말고 황새다리 부러져라."

"천 길이냐 만 길이냐!"

아이들이 뛸 때마다 선생님이 노래를 불러주기로 합니다.

창훈 "나는 내 다리 부러지지 말고 황새다리 부러져라로 해줘."

진한 "나도."

은수 "나는 고추장 먹고로 해줘."

선생님과 아이들이 한참을 뛰며 노는데 네 살 은준이가 곁에 왔어요. 형들이 재미있게 노는 것을 보고 어느새 책상 한가운데로 올라가려는 은준이, 아이들은 그런 은준이에게 위험하다고 내려오라 합니다. 하지만 은준이는 막무가내로 뛰어들 기세네요.

"얘들아, 은준이도 하고 싶은가 봐. 그러니까 은준이가 뛸 수 있도록 조금만 기다려주자. 은준아, 뛰어봐! 천 길이냐! 만 길이냐!"

은준이가 첫 번째 단에서 잘 뛰어내리고 흐뭇하게 웃습니다. 아이들은 차례대로 뛰어내리기를 계속했고 은준이 차례가 되면 잠시 기다렸어요. 그런데 은준이가 이번에는 두 번째 단으로 올라가네요.

아이들 "안 돼~ 다쳐!"

선생님 "얘들아, 조금 기다려보자."

은준이는 한동안 아래를 조용히 바라보더니 몸을 숙였다 들었다 했어요. 제 나름의 높이를 가늠해보는 것 같았지요. 그러더니 몸을 뒤로 돌려 배를 대고 다시 아랫단으로 내려왔어요. 아이들이 모두 웃습니다. 은준이는 그렇게 첫 번째 단에서 두어 번 뛰더니 형들이 뛰는 두 번째 단에 다시 도전했어요. 끈기 있는 은준이의 모습에 이제는 형들도 응원을 해줍니다.

아이들 "이렇게 해봐!"

엉덩이를 쭉 빼고 무릎을 굽힌 채 두 손을 흔드는 시범을 보입니다.

은준 "꼬, 추, 장, 먹, 고, 히임~."

눈에 잔뜩 힘을 주며 형들이 알려준 자세를 하고서 손을 앞뒤로 흔들던 은준이가 마침내 뛰어내렸어요! 아이들 모두 "와아~" 하며 은준이에게 박수를 쳤어요.

이렇게 놀아요 **다리 튼튼! 용기 불끈! 조마조마 뛰어내리기**

◆ 아이들은 높은 곳에서 뛰어내리는 것을 참 좋아합니다. 하지만 어른들은 그 모습이 위험스러워 보여 걱정하는 마음이 먼저 생기지요. 그렇지만 마음 놓고 뛰어내려도 다치지 않는 환경을 만들어주면 크게 걱정하지 않아도 됩니다. 아이들은 어느 높이에서 뛰면 다치겠구나를 스스로 배울 수 있습니다. 높은 곳에서 뛰어내리는 일은 조금 두려운 일이지만 그래서 더 재미있는 일이기도 합니다. 어려운 일을 재미있게 즐기며 용기를 기를 수 있는 놀이지요.

◆ 세 살에서 다섯 살 정도의 어린아이들은 선뜻 뛰어내리지 못하고 많이 망설이는데 이때 어른이 손을 잡아주면 좀 더 쉽게 뛰어내립니다. 큰 아이들은 뒤에서부터 막 달려와 뛰어내리기도 하지요. 몸이 나동그라지기도 하고 부딪치기도 하지만 오히려 그것을 재미로 즐깁니다. 뛰어내릴 때 겁이 나서 주춤거리면 "내 다리 부러지지 말고 황새 다리 부러져라" 하고 주문을 외워주세요. 신기하게도 이 주문을 들은 아이들은 용기를 내어 더 잘 뛰게 되더군요.

◆ 나들이를 나갔을 때 계단이나 언덕 같은 곳이 있다면 더 재미나게 할 수 있어요. 바람을 가르며 달려와 뛰어내리고 뒹굴면서 팔과 다리, 몸 전체가 튼튼해집니다.

05 황소 씨름 고등어 씨름

이렇게 불러요

황소 씨름
 고등어 씨름
어디에서 배웠나
 어린이집에서 배웠다
누구한테 배웠나
 선생님한테 배웠다
뭐 먹고 배웠나
 보리밥 먹고 배웠다
어떻게 넘기나
 요렇게 넘기지

황소 씨름 고등어 씨름은 키가 비슷한 아이 두 명이 노래에 맞춰 두 손을 마주 잡고 힘차게 흔들다가 같이 잡은 두 손 안으로 들어가 몸을 획

돌리는 놀이예요. 비 오는 날, 오후 간식으로 칼국수를 먹고 뭐하며 놀까 고민을 하다가 마루로 나가 황소 씨름을 하기로 했어요.

"일곱 살 형들 나와서 자기랑 키가 비슷한 사람과 짝을 하자."

성준이는 정민이를 잡고 민이는 동신이 손을 얼른 잡습니다.

"내가 동신이랑 비슷한데."

동신이 손을 잡고 싶었던 지민이가 혼잣말을 하며 여진이와 손을 잡네요.

"앉아 있는 사람들은 노래를 하자. 얼쑤!"

앞소리는 앉은 사람들이 메기고, 뒷소리는 씨름을 하는 사람들이 부릅니다.

"황소 씨름."

"고등어 씨름."

"어디에서 배웠나?"

"어린이집에서 배웠다."

"누구한테 배웠나?"

"선생님한테 배웠다."

"뭐 먹고 배웠나?"

"칼국수 먹고 배웠다."(바로 전에 칼국수를 먹어서)

"어떻게 넘기나?"

"요렇게 넘기지."

"야, 성공! 이제는 오십 리!(앞에서는 손을 잡고 했는데 이번에는 서로의 팔꿈치를 잡고 하자는 뜻) 팔꿈치 잡고, 얼쑤!"

　일곱 살 아이들은 어깨를 잡고 하는 아이들도 있어요. 팔꿈치를 잡으면 '오십 리', 어깨를 잡으면 '백 리'라고 불러요. 어깨를 잡고 하다가 넘어지기도 합니다. 둘이 같이 넘어지면서 얼마나 익살스럽게 웃는지 지켜보던 동생들도 한바탕 크게 웃었어요.

　이제는 어린 동생부터 아기들까지 손을 잡고 해보기로 합니다. 처음 몇 번만 손을 잡아주면 금방 익숙해져서 모두들 쉽게 몸을 잘 돌렸어요. 선생님들도 아이들을 따라 해봅니다. 키가 비슷한 선생님들끼리 손을 잡고, 팔꿈치를 잡고, 어깨를 잡고 하다가 마침내 모두들 숨죽이며 지켜보는 가운데 가장 어려운 허리 잡고 돌리기까지 도전했어요. 성공! 아이도 선생님도 모두 즐겁습니다. 하다가 몇 번을 넘어져도 신이 나서 또 합니다.

이렇게 놀아요 **뒤집어지는 재미가 으뜸인 놀이**

◆ 친구와 같이 호흡을 맞추고 눈을 맞추면서 하는 놀이로 어른이 같이해도 좋아요. 아이들이 둘씩 짝을 이뤄 놀다가 잘 넘어가지 않을 때는 어른이 넘기는 것을 조금 도와주면 쉽지요. 황소 씨름처럼 아무 도구 없이 몸만 있으면 할 수 있는 놀이를 아이들은 더 좋아하는 것 같아요.

◆ 황소 씨름은 온몸놀이랍니다. 특히 허리가 쭉 펴지는 것을 볼 수 있답니다. 평소 운동을 못하는 어른들도 밖에서 다른 놀이를 하기 전에 몸풀기놀이로 하면 아주 좋아요. 이 놀이를 아이들은 정말 좋아해요. 왜 그럴까요? 왜긴요, 발딱 뒤집어지니까요. 하하.

06 어디까지 왔니

이렇게 불러요

어디까지 왔니

  당당 멀었다

텃밭에 갔다가 돌아오는 길에 민정이가 선생님 뒤로 다가가 꽁무니를 잡으면서 놀이가 시작되었어요.

  민정 "어디까지 왔니?"

  선생님 "흰둥이 집까지 왔다."

  민정 "어디까지 왔니?"

  선생님 "당당 멀었다."

어느새 다른 아이들이 고개를 숙인 채 줄줄이 매달립니다.

  민정 "어디까지 왔니?"

  선생님 "포클레인 앞까지 왔다."

  민정 "어디까지 왔니?"

선생님 "당당 멀었다."

민정 "어디까지 왔니?"

선생님 "벚꽃 나무까지 왔다."

민정 "어디까지 왔니?"

선생님 "자동차 앞까지 왔다."

민정 "어디까지 왔니?"

선생님 "대문까지 왔다."

한 번 놀이를 하고 나니 그 다음부터는 아이들끼리 알아서 묻고 답을 했어요. 한동안은 어린이집 안에서 놀 때나 나들이를 할 때 누군가가 다른 사람 뒤에 붙어 서면 약속처럼 자연스럽게 어디까지 왔니를 하곤 했지요.

몇 달이 지난 어느 날 나들이를 가면서 어디까지 왔니를 다시 해보았어요. 선생님은 아이들이 몇 달 전에 했던 놀이라 기억할까 싶었지만 아이들은 의외로 쉽게 놀이를 이어갔어요.

"어디까지 왔니?"

"문구점까지 왔다."

"어디까지 왔니?"

"쓰레기통 뒤까지 왔다."

"어디까지 왔니?"

"자전거 옆까지 왔다."

나무, 미용실, 김밥 가게, 주차장 등등 아이들의 묻고 답하기 놀이는 끝날 줄을 몰랐어요.

"잉잉, 이번엔 내가 할 거야!"

대답할 기회를 놓친 아이가 울음을 터트렸어요. 선생님은 아이가 대답할 수 있도록 조금 시간을 주며 기다렸습니다.

> **이렇게 놀아요 익숙한 길이 새로워집니다**
>
> ◆ 큰 아이들은 서로 한두 명이라도 허리에 붙어 서면 "어디까지 왔니?", "당당 멀었다!"를 외칩니다. 가까이 있는 것을 얼른 보고 노래에 맞춰 대답을 하기도 하지요. 안에서 놀이를 할 때는 잘 보지 못했던 물건이나 장소를 눈여겨본답니다.
>
> ◆ 아이들은 이 놀이를 하면서 평소에 별다르게 여기지 않았던 동네와 사물을 남다르게 느끼는 것 같아요.

07 어깨동무 씨동무

이렇게 불러요

어깨동무 씨동무 **보**리가 나도록 놀아라

이 노래를 할 때는 둘이나 셋이서 어깨를 겯습니다. "어깨동무 씨동무 보리가 나도록 놀아라" 하며 걷는 도중에 '놀아라'에 앉았다 일어나지요. 노랫말에 진하게 표시되어 있는 '어', '보' 부분에서 힘을 주어 크게 부르면 걸어가는 박자도 잘 맞고 더 재미있습니다.

다섯 살에서 일곱 살 사이의 아이들이 공원에서 어깨동무 씨동무를 했어요. 아이들 서너 명이 노래를 부르며 언덕을 올라갔지요.
"어깨동무 씨동무 보리가 나도록 놀아라!"
노래를 부르며 앉았다 일어나는 동작을 반복하면서 조금씩 언덕을 올라갔어요. 키가 달라서 앉았다 잘 일어나지 못하는 아이들도 있고 깔깔거리며 재미있게 일어서는 아이도 있었어요. 친구들이랑 몸을 맞춰 올라가려니 조금 힘들기도 하지만 서로 떠들고 웃으며 신이 났습니다. 처음에는 발도 잘 맞지 않고 앉을 때도 제각각입니다. 하지만 노래를 몇 번 부르다 보니 어느새 노는 방법을 익혀 친구들과 서로 호흡을 맞추네요.

　일곱 살 민이 수아 동구가 어깨에 팔을 걸고 "어깨동무 씨동무 보리가 나도록 놀아라" 하며 올라갔어요. 그러더니 동구가 "이렇게도 할 수 있어" 하며 노랫말을 바꾸네요.

　"어깨동무 씨동무 예쁘게 예쁘게 되었다."

처음에는 별 관심이 없어 보였던 일곱 살 아이들이 자기들끼리 노랫말을 바꾸면서 신이 나는지 앉았다 일어섰다 하며 즐거워하네요. 어깨를 겯고 하는 것이 조금 힘들 때는 손을 잡고서 좌우로 흔들며 하기도 합니다.

이렇게 놀아요 **씨앗처럼 소중한 씨동무!**

◆ 서너 살 정도의 어린아이들은 그냥 어깨만 겯고 노래하거나 손을 잡고 흔들면서 걸어도 됩니다. 서너 명 정도가 적당하고 다섯 살 이상 아이들은 키가 작은 아이들을 가운데 놓아 함께 놀면 좋아요. 걸음을 맞춰 걸으면서 서로 배려하는 마음을 느낄 수 있는 놀이랍니다.

◆ 선생님이나 부모가 함께할 수도 있습니다. 아이가 어른의 허리를 잡고 어른은 아이 겨드랑이에 손을 넣어 함께 걸어요. 그러다가 "놀아라" 부분에서 어른이 아이를 번쩍 들었다가 같이 앉습니다. 까르르 아이 웃음소리에 어른도 절로 행복해집니다.

08 콩섬 팥섬

이렇게 불러요

콩섬 찧자

팥섬 찧자

아이들은 몸으로 부딪치는 것을 무척 좋아합니다. 쉬는 시간에도 선생님 등에 매달리거나 몸을 부비기도 하지요. 규형이가 앉아 있는 선생님 등을 요 삼아 누워서 자기 손에 든 것을 보고 있네요. 선생님이 "요 녀석!" 하면서 팔을 뒤로 젖혀 규형이 배와 다리를 꽉 잡습니다. 그리고 몸을 앞으로 크게 숙여주니 규형이가 재미있다고 깔깔거리네요.

"우리 콩섬 팥섬 노래 부르자."

선생님과 규형이는 등을 맞대고 앉아 팔장을 끼고 번갈아 몸을 숙이며 콩섬 팥섬 노래를 부릅니다.

"콩섬 찧자."

"팥섬 찧자."

선생님이 자기 쪽으로 몸을 크게 숙이면 규형이의 몸이 붕 떠올랐어요. 이렇게 몇 번을 하고 있으니 다른 아이들도 다가와 자기도 해 달라며 성화네요.

"그래, 이리와. 내가 '콩섬' 하면 넌 '팥섬' 해. 그러면 계속 해줄게."

비슷한 또래지만 제법 키가 큰 아이도 있네요. 선생님이 몸을 최대한 앞으로 숙여도 키가 큰 아이의 다리가 자꾸만 땅에 닿습니다. 그래서 이번에는 일어나 콩섬 팥섬을 했어요. 선생님은 아이들이 등에서 떨어지지 않게 팔을 뒤로 돌려 꼭 업어주었어요.

그 다음부터 아이들은 선생님 등만 보이면 기대고 누운 채 "콩섬 팥섬하자" 하고 외칩니다. 선생님이 하지 않을 도리가 없네요.

"뭐 봤니?"

"하늘 봤다."

"이번에는 뭐 봤니?"

"땅 봤다."

콩섬 팥섬을 하며 "뭐 봤니?" 하고 물으면 아이들은 은행나무 봤다, 전깃줄 봤다, 옥상, 옆집 창문, 친구 이름 등등 줄줄이 얘기하지요. 심지어 잘 보이지도 않는 옆집 창문에 묻은 새똥까지! 위, 아래뿐 아니라 몸을 비틀어 옆을 보기도 하고, 위를 보면서 굳이 아래를 보고 이야기하는 아이도 있습니다. 아이들은 따라쟁이인 것도 같지만 또 한편으로는 다른 아이들과 다르게 이야기하고 싶어서, 둘레에 있는 아주 작은 사물까지 놓치지 않고 꼼꼼히 본답니다.

이렇게 놀아요 **등 맞대고 하늘 땅 보기**

◆ 서너 살 아이들은 몸이 부드러워서 어른과 콩섬 팥섬을 하다가 몸이 돌아가거나 떨어질 수 있으니 잘 업어주세요. 온몸을 동무에게 맡긴 채 등을 맞대고 놀다 보면 어느새 더 친해진답니다.

◆ 놀이를 하면서 무엇을 봤냐는 질문을 던지면 주변의 것들을 꼼꼼하게 보고 설명하기도 하는데 이 또한 아이들이 재미있어 하지요.

◆ 앞으로 굽어 있는 몸을 뒤로 젖혀주는 동작은 등을 곧게 펴주는 운동이 되기도 합니다.

09 다리 세기

이렇게 불러요

자라야 자라야 금자라야

어떤 놈이 할배 앞에서

방귀를 뿡뿡 뀌었노

점심 무렵 세 살, 네 살, 다섯 살 아이들이 모여 앉았어요.
"무슨 놀이할까?"
"다리 세기하자."
다리 세기는 아이들 여럿이 서로 마주보고 앉아 다리를 쭉 뻗어 다리와 다리를 끼고 노래를 부르는 놀이예요. 노래를 부르면서 박자에 맞게 다리를 하나씩 짚어 가다 마지막 노래 글자가 딱 끝났을 때 걸린 아이가 다리 하나를 접습니다. 그리고 그 다음 다리부터 노래를 이어 가지요. 이렇게 계속하다 보면 제일 먼저 두 다리를 접는 사람이 나옵니다. 그 아이는 자신이 원하는 것을 말할 수 있지요. 아이들은 보통 선생님이 업어주거나 선생님의 허리 쪽에 몸을 옆으로 붙여 들어주는 '메주 사시오'를 좋아해요. 어른 두 명이 있을 때는 손가마를 태워주기도 한답니다.

나들이를 나갈 때 짝짓는 놀이로 이 놀이를 많이 했더니 어느새 아이들끼리도 잘하는 놀이가 되었어요. 마주보고 앉은 아이들이 이내 손으로 다리를 짚으며 노래를 부르기 시작합니다.

"자라야 자라야 금자라야, 어떤 놈이 할배 앞에서 방귀를 뿡뿡 뀌었노!"

아이들은 마지막 부분을 제멋대로 바꿔 부르기도 하며 재미있게 놉니다. 제일 먼저 두 다리를 접게 된 건 은영이었어요.

"은영아 뭐하고 싶어?"

"음……, 메주 사시오?"

순간 아이들이 부러워하며 "와!" 하고 소리칩니다. 선생님이 은영이 몸을 옆으로 뉘어 허리에 둘러메고서 "메주 사세요, 메주 사세요" 합니다. 선생님이 은영이를 메고 방에서 나와 거실까지 한 바퀴를 도는 동안 아이들도 졸졸 따라다니네요. 다시 처음 자리로 돌아와서 아이들에게 선생님이 말합니다.

"메주 사세요."

"얼마예요?"

"천 원입니다."

"너무 비싸요."

"이거 보세요. 메주가 참 좋아요."

선생님은 메주가 좋다고 말하며 은영이의 머리를 쓰다듬습니다. 아이들도 "어디요?" 하면서 손으로 은영이 머리를 쓰다듬네요. 그리고 또 다리 세기를 하며 놀이를 이어갑니다.

"자라야 자라야 금자라야, 어떤 놈이 할배 앞에서 방귀를 뽕뽕 뀌었노!"

아이들을 한 명씩 태워주고, 메주 사시오를 하고, 다시 다리 세기를 하다 보니 어느덧 점심시간이 되었어요. 아이들에게 식판 나르는 도우미를 누가 할까 하고 물었더니 다리 세기로 정하자고 합니다. 다리 세기로 뽑혀 도우미가 된 지인이와 수안이는 오히려 신이 나서는 엉덩이를 씰룩이며 몸통만 한 식판을 씩씩하게 나릅니다.

3장 노래놀이 117

이렇게 놀아요 **엉덩이 붙이고, 다리 붙이고,
누구 다리에서 끝날까 조마조마!**

◆ 함께 노는 아이들 수는 다섯에서 여섯 명 정도가 알맞은 것 같아요. 다섯 살 정도 아이들은 몇 번 하고 나면 자기들끼리 잘한답니다. 뽑힌 상으로 메주 사시오를 해줘도 좋고, 어른이 두 명 있으면 두 손을 마주잡아 우물 정(井)을 만들어 손가마를 태워줘도 좋아합니다.

◆ 다른 아이 손이 자기 다리를 짚고 지나가는 순간, 안심하면서 동시에 누가 술래가 될까 조마조마하지요. 단순한 놀이지만 긴장감이 있습니다.

◆ 다리 세기는 본래 술래를 뽑는 놀이였답니다. 술래를 뽑는 노래는 동네마다 부르는 사람마다 다양한데, 보통 '이거리 저거리 갓거리'로 시작하는 노랫말이 많습니다. 그런데 이렇게 시작하는 노랫말은 중간에 어려운 말이 많이 나와서 어린 아이들이 쉽고 편하게 부를 수 있는 다리 세기를 소개합니다. 각 지역과 동네에서 했던 다리 세기 노래도 찾아서 함께 불러보세요.

들강 달강

이렇게 불러요

들강 달강 들강 달강

서울 가서 밤 한 되를 사다가

살강 밑에 두었더니

머리 꺼문 생쥐란 놈 들랑 날랑 다 까 묵고

한 톨만 남았는데

가마솥에 삶을까

옹솥에 삶을까

가마솥에 삶아서

조리로 건질까

함박으로 건질까

조리로 건져서

껍데길랑 아빠 주고

보늬는 엄마 주고

알맹이는 너하고 나하고 둘이 먹자

들강 달강 들강 달강

마루에 서너 살 아이들이 옹기종기 모여 있는 가운데 엄마들이 아이들을 데리러 옵니다. 엄마 손을 붙잡고 하나둘 떠나는 친구들을 보며 진우는 우리 엄마는 언제 오냐며 선생님을 보채고 짜증을 내었지요. 진우를 달래주려고 선생님이 진우의 두 손을 잡고 들강 달강을 했어요. 들강 달강은 두 사람이 다리를 구부려 발바닥을 맞댄 채로 두 손을 잡고 서로 밀고 당기며 노는 놀이랍니다.

진우는 거의 드러누울 정도로 몸을 젖힙니다. 부드러운 몸을 가진 아이들은 이런 놀이를 할 때 어른들보다 더 잘 움직이지요. 엄마를 찾으며 짜증을 내던 진우가 이리저리 몸을 움직이고 노래를 부르는 동안 어느새 웃는 표정이 되었어요.

진우와 선생님을 보고 있던 아이들이 둘씩 손잡고 들강 달강을 부르며 몸을 움직였어요. 그동안 나들이 길에나 낮잠을 잘 때 불러줘도 잘 따라 하지 않았는데, 아이들끼리 거의 외워서 노래를 부르고 몸을 움직이는 모습이 놀랍고 대견합니다. 역시 놀이나 노래는 꾸준히 해야 하지요. 선생님과 진우뿐만 아니라 옆에 있던 아이들이 함께하니 더 신명 나네요. 평소 서너 살 아이들이 부르던 노래라 곁에서 듣고 익숙해진 다른 방 형들도 쉽게 잘 따라 했어요.

이렇게 놀아요 **밀었다 당겼다, 온몸놀이**

◆ 세 살 아이들이랑 같이하면 아이들은 거의 몸을 바닥에 눕혔다가 선생님의 손가락을 잡고 일어나기까지 해요. 선생님이 아이들을 당겨주고 끌어주면서, 들강 달강 노래를 흥얼흥얼 부르면 아이들에게 일부러 노랫말을 알려주지 않아도 어느새 따라 부른답니다.

◆ 세 살 아이에게는 온몸놀이가 되고 좀 더 큰 아이에게는 몸 크기에 따라 밀고 당기는 움직임이 조금씩 달라지면서 저마다 놀이가 됩니다. 노랫말에 이야기가 들어 있어 더욱 재미있나 봐요.

4장 규칙이 있는 놀이

~~~~ 아이가 처음으로 엄마와 떨어져 유치원이나 어린이집에 오면 몹시 힘들어합니다. 이럴 때 가장 쉽게 아이를 안정시키는 방법은 아이와 함께 노는 것이지요. 실내나 바깥 놀이터에서 이런저런 놀이를 하다 보면 아이가 조금씩 안정을 찾습니다. 어린이집을 낯설어하던 아이가 나들이를 나가고 바깥 놀이를 하다 보면 어느새 친구들과도 가까워지고 훨씬 안정된 모습을 보입니다. 친구들과 함께 바깥 놀이에 집중하면서 엄마와 떨어져 있다는 불안함을 잊게 되지요. 아이들의 몸과 마음은 실내보다 바깥을 더 좋아하는 것 같아요. 바깥은 아이들의 좋은 놀이터이고 친구예요. 아이들이 밖에서 놀이하는 모습을 보면 어떤 어려움을 이겨내는 힘을 주는 곳은 실내가 아니라 바깥이라는 열린 공간임을 새삼 느낄 수 있지요.

~~~~ 아이는 나이가 어릴 때는 혼자서 놀이를 하다가 조금씩 자라고 친구와 어울리면서는 이런저런 규칙과 약속을 스스로 만듭니다. 내 놀잇감을 친구한테 나누어주기도 하고, 놀잇감을 친구에게 던지지 않는 등 간단한 약속을 지키며 놀 줄 알게 되지요. 조금 더 자라면 친구들과 더 많은 이야기를 하면서 그에 따라 놀이 약속을 만들기도 하고 나와 다른 생각을 가진 친구들과 서로 돕고 타협하며 작은 사회를 만들어갑니다. 때로는 함께 놀기 어려운 친구나 동생을 배려하여 규칙이나 약속을 바꾸기도 하고요. 규칙이 있는 놀이는 규칙을 지켜야 한다는 엄격함과 긴장감을 갖고 있기 때문에 아이들을 놀이에 더 집중하게 합니다.

01 딱지놀이

하나 - 동그란 딱지놀이

자유놀이 시간, 선생님이 마분지 위에 우유병 뚜껑을 대고 동그라미 여러 개를 그리며 딱지본을 만들고 있는데 일곱 살 가영이가 관심을 보였어요.

"뭐해?"

"딱지 따먹기 하려고 딱지 그려."

"나 딱지치기 해봤어. 이렇게 탁 쳐서 넘어가면 먹는 거잖아."

"그것도 있고, 또 다른 것도 있지."

다른 놀이도 있다는 말에 가영이 눈이 호기심으로 가득 찹니다. 선생님이 "딱지 그림 그려볼래?" 물으니 "나도, 나도!" 하며 옆에 있는 아이들이 아우성이네요. 다들 사인펜을 들고 신나게 그립니다. 형들이

하는 게 재미있어 보였는지 세 살 어린아이들도 모두 "나도 딱지 그릴래!" 하며 달려드네요. 무척 예뻐서 내다 팔아도 될 만한 딱지도 있고, 최근 유행하는 닌자 거북이가 그려져 있는 것도 있고, 콕 콕 콕 점만 찍은 세 살 아이의 작품도 있네요. 딱지 따먹기를 못하는 동생들도 딱지 그리기만큼은 열심입니다. 딱지를 오리고 있는 선생님 옆에서 자기도 오려보겠다고 여섯 살 아이가 나섰어요. 손끝이 야무집니다. 그걸 보던 일곱 살 아이들도 가위를 들고 나섭니다. 다섯 살 아이가 오린 딱지는 삐뚤빼뚤하지만 오리는 모습만은 사뭇 진지하네요.

딱지 그리기에 푹 빠진 아이들 때문에 아이들이 삼십 개 정도의 딱지를 만든 뒤에야 끝이 났어요. 다 만든 딱지 뒤에는 선생님이 어린이집 도장을 찍어주었어요.

"어린이집 딱지야?" 하고 동준이가 선생님 곁으로 다가와 묻네요.

"응, 너희들이 잘 보관해야 돼. 너무 많거나 없어지면 딱지 은행에 보관해! 내가 은행장이야!"

"알았어."

벽 앞에서 선생님이 어릴 적에 '딱지 붙여 따먹기'를 하던 이야기를 해줬어요. 벽에 붙여서 떨어뜨렸다가 딱지가 겹치면 바닥에 있는 딱지를 모두 먹는 거라고 했더니 아이들이 눈을 더 크게 하며 "정말?! 다 먹는 거야?" 하고 묻습니다.

"응!"

차례가 여러 번 돌아가도 딱지가 서로 닿지 않는 경우 점점 뒷사람이 한꺼번에 딸 확률이 높아지니 놀이가 흥미진진합니다. 바닥에 딱지가 쌓여가던 중 평소에 달리기를 잘 못하는 상민이의 딱지가 다른 딱지 위에 떨어졌어요. 순간 아이들이 "와!" 하며 부러워하는 함성을 터뜨립니다.

일곱 살 아이들이 모여 딱지놀이하는 것을 기웃기웃하던 대여섯 살 아이들에게 선생님이 "파! 하고 불기 할래?"라며 다른 놀이를 제안했어요. 아이들은 가진 딱지를 재빨리 모아서 책상 위에 가지런히 놓고 딱지 불기놀이를 준비합니다. 선생님은 입으로 "파!" 하고 불어서 딱지가 넘어가면 따먹는 거라고 덧붙여 설명해주었어요. 선생님의 설명을 듣고 아이들이 이런저런 방법으로 불어봅니다. "후~" 하고 부는 아이도 있지만 딱지가 쉽사리 넘어가지 않네요. 불 때 침이 튀는 아이도 있어서 그림을 그린 사인펜 잉크가 손에 묻기도 하지만 자세를 바꿔 가며 열심히 "파!" 하고 불어요. 의외로 평소 놀이에 잘 참여하지 않던 서영이가 더 잘 따가고, 딱지가 넘어가는 순간 환호가 터집니다.

이번엔 도엽이 차례. 도엽이는 신발 던지기 놀이를 잘 못한다고 평소 형들이 놀이에 잘 끼워주지 않던 아이였어요. 그런데 도엽이가 "파!" 하자 딱지 한 뭉텅이가 우수수 넘어갔어요. 아이들은 "와!" 하며 놀라고 도엽이는 어깨가 으쓱해졌습니다. 아이들의 함성이 계속되자 놀이에 끼지 않았던 동생들도 흥미를 보이네요. 세 살들도 자기들끼리

만 모여 앉아서 "파!" 하고 딱지를 불어봅니다. 하지만 요령이 없는 어린아이들은 딱지 위에 거의 머리를 대고 부는 수준이라 넘어갈 리 없습니다. 책상에 여기저기 침만 튀지만 아이들은 무척 열심이네요.

어린이집 곳곳에서 딱지놀이를 하니 슬슬 딱지를 잃어 없는 아이가 생기기 시작합니다. 딱지가 다 떨어진 일곱 살 미나가 선생님 방으로 찾아왔어요.
"선생님."
"응, 왜?"
"나 있잖아~."
"응, 이야기해."
"딱지 좀 빌려줘."
"또 다 잃었어?"
"응, 헤헤헤."
"에구……, 열 개 빌려주면 돼?"
(끄덕끄덕)
"저번에 일곱 개랑 이번에 열 개랑 합쳐서 몇 개냐?"
"어……, 열일곱 개."
"꼭 따서 갚아!"
"응! 고마워."
딱지를 빌린 미나가 이번에는 꼭 딱지를 따리라 다짐하면서 바닥에 앉아 불기 연습을 하네요. 선생님은 이렇게 딱지를 빌려주고 돌려받은 딱지 개수를 적어놓습니다. 한 달 정도가 지나면 딱지를 빌려주고 갚은 내용으로 딱지 장부가 빼곡하지요. 아이들끼리도 서로 딱지를 빌리거나 빌려주기도 합니다. 딱지가 몇 장 없었던 동민이도 현진이와 협상을 하네요.

"나 딱지 빌려주면 안 돼?"

"너 딱지 있잖아. 그거 로봇 딱지 내 놔. 내가 갖고 싶어. 흐흐흐."

"안 돼. 이거 내가 아끼는 거야."

"그럼 어쩔 수 없지."

"빌려주라."

"싫어."

"그럼, 왕 딱지랑 다섯 개씩 바꿀래?"

"진짜?"

"응. 바꿔줄게."

"알았어."

왕 딱지 중에서도 집에서 몰래 만들어온 양갱 포장지 딱지를 꺼내놓는 동민이. 왕 딱지 두 개를 바꿔서 불기놀이를 다시 시작합니다. 그런데 아이들 중 유독 시원이만 작은 통에다 자기 딱지를 담아왔어요. 그걸 본 우준이가 부러워하더니 다음 날 주머니를 가져와 딱지를 넣고서는 하루 종일 허리춤에 차고 다녔어요.

둘 - 네모난 딱지놀이

아이들은 동그란 딱지도 좋아하지만 네모난 딱지도 좋아합니다. 네모 딱지는 접어서 만듭니다. 딱딱한 골판지나 잡지를 뜯어서 접더니 아이들이 삼삼오오 모여 딱지치기를 시작하네요. 유진, 재홍, 완주, 서준, 순찬이가 딱지치기를 하는데 여섯 살 세훈이는 옆에서 계속 지켜볼 뿐 함께하지 않았어요.

선생님이 "너도 할래?" 물었더니 세훈이는 고개를 젓습니다.

"왜? 딱지 잃을까 봐서?"

"응."

선생님은 우선 세훈이는 그냥 지켜보게 하고 놀이를 진행시킵니다. 딱지가 서로 넘기고 넘어가는 일이 거듭 생기면서 아이들 감탄과 탄식이 절로 나오네요. 시간이 흘러 딱지가 하나둘씩 줄어드니 아이들은 다시 잡지로 딱지를 만듭니다. 그동안에도 세훈이는 다른 곳으로 가지 않고 계속 지켜보기만 하네요. 다른 아이들은 팔을 휘두르며 열심히 칩니다.

다음 날 일곱 살 아이들이 긴 나들이를 나가고 한적해진 어린이집에 남은 다섯 살 한연이가 세훈이에게 함께 놀자고 합니다.

"세훈이 형, 딱지 할래?"

"나도 나도."

딱지놀이를 하겠다며 모여든 아이는 세훈이가 아니라 유진이와 서진이, 건하였어요. 아이들이 우르르 달려오고, 소극적이지만 세훈이도

4장 규칙이 있는 놀이　131

오늘은 슬며시 함께하기로 합니다. 그 뒤에도 아이들은 여기저기 모이기만 하면 그늘에서 딱지를 쳤어요.

 민하는 나들이만 나가면 딱지 만들기용으로 쓸 전단지를 모으곤 했어요. 그리고 처음에는 선뜻 놀이에 동참하지 않던 세훈이가 어느 날 집에서 큰 주머니에 딱지를 가득 접어가지고 왔지요. 그 다음 날부터 하나둘 딱지를 담는 봉지나 포장 가방을 들고 다니는 아이들이 생겼어요.

 딱지놀이 때문에 아이들이 너무 종이를 낭비하는 것 같아 선생님들끼리 회의를 한 뒤 집에서 접은 딱지는 집에서 가지고 놀고 어린이집에 가져오지 않기로 했어요. 어린이집에서는 큰 통에 딱지를 모아 두고 필요할 때만 사용한 후 가져다놓기로 한 거지요. 그때부터 아이들은 딱지 통에서 딱지를 꺼내 놀았어요.

 어느 날 훈이 아빠가 훈이를 데리러 왔다가 딱지치기하는 아이들을 보고 "누구 나랑 딱지치기하자!"며 선뜻 제안합니다. "제가 할래요!" 하며 여섯 살 세훈이가 나섭니다. 세훈이는 어른과 겨루면서도 기세 좋게 딱지를 딱딱 붙여 척척 잘 넘겼어요. 색종이를 접어 만든 얇은 딱지인데도 팔과 손과 바람의 힘을 잘 이용합니다. 훈이 아빠도 열심히 쳤지만 세훈이한테 십여 분 만에 딱지 열 장을 모두 잃고 말았어요.
 "야아! 세훈이 정말 딱지 도산데!"
 다음 날 선생님이 세훈이 엄마에게 어제 일을 이야기해 드리니 집에서도 밤에 팔이 아프다고 할 정도로 열심히 친다고 합니다. 평소 말이 조금 느리고 수줍음을 많이 타던 세훈이는 어느새 '딱지 도사'가 되었어요.

> **이렇게 놀아요** **장난감이 적어야 놀이가 재미있습니다**
>
> ◆ 아이들이 새 장난감만 원한다고 생각하는 어른들이 많겠지만 의외로 직접 만든 딱지를 무척 소중하게 여긴답니다. 돈을 주고 산 장난감보다 직접 만든 딱지를 더 귀하게 여길 때가 많지요. 예쁘고 잘 만든 딱지는 더욱 소중히 여기는데, 행여나 잃어버릴까 옷장 속에 보관하는 등 내어놓기도 아까워해요. 장난감은 좀 적어야 귀한 줄 압니다. 딱지가 너무 많으면 귀하게 여기지 않아 놀이에 재미가 생기지 않지요. 선생님이 딱지를 조금씩 만들고, 은행장이 되어 딱지를 빌려주고, 장부에 적는 일 등이 아이들의 놀이를 더욱 재미있게 합니다.
>
> ◆ 딱지놀이는 잘하고 못하는 아이의 능력이나 인기와 상관없이 누구든지 놀이의 승자가 될 수 있다는 점에서 더욱 흥미를 끄는 것 같아요. 그래서인지 평소 조금 소극적이던 아이들이 딱지놀이에서 승자가 되어 즐거워하는 것을 볼 수 있답니다.
>
> ◆ 잃는 것이 무서워 놀이를 못하는 아이들도 있어요. 놀이를 재미있고 편하게 하고 싶은 욕구와 놀잇감에 대한 소유욕이 서로 충돌하는 거지요. 이런 것은 아주 좋은 갈등의 경험이라고 생각합니다. 이런 감

정의 갈등을 넘나드는 경험을 하는 것이 바로 놀이의 힘이 아닐까요.

◆ 손 힘, 팔 힘, 어깨 힘, 온몸 힘 거기에다 바람의 힘까지 가져와 노는 딱지치기는 아이들을 단숨에 사로잡는 놀이입니다.

◆ 어린이집에서 배운 딱지놀이를 집에서 해보다가 부모님이 어릴 적 하던 딱지놀이를 배워오기도 합니다. 엄마, 아빠와 내가 같은 놀이를 했다는 이 기쁨을 어떻게 표현할 수 있을까요!

02 콩 심기

이렇게 불러요

콩 심어라 콩 심어라

봄날, 작은 텃밭에 아이들과 강낭콩을 심었는데 어느새 싹이 나고 열매가 달렸어요. 오후에 아이들과 콩꼬투리 몇 개를 삶아 먹고 밥에 넣어 먹기도 했지요. 나머지 콩은 집에 가져갈 수 있도록 조금씩 나눠준 뒤 콩 심기놀이를 하기로 했어요.

"수수께끼 내 줄까?"

"그래."

"한 집에 세 명, 네 명, 다섯 명이 나란히 누워 있는 것은?"

"……."

"힌트는 우리가 오늘 점심 때 먹은 것!"

"오이?"

"땡. 지난번에 우리가 이걸 까기도 했는데."

"아, 콩!"

"맞았어. 여기 손 안에 있지!"

"그걸로 뭐하려고?"

"콩 심기놀이 할래?"

"좋아."

우선 다리 세기놀이로 술래를 뽑았어요.

"방귀 방귀 나가신다 대포 방귀 나가신다 먹을 것은 없어도 냄새나 맡아라 뽕!"

여러 사람이 둥글게 앉아 콩 심기놀이를 시작합니다. 술래는 은수가 되었고 콩 심는 농부 역할은 지원이가 하기로 했어요. 그리고 나머지 아이들은 콩 찾는 사람이 콩을 못 찾도록 있어도 없는 척, 없어도 있는 척하며 콩을 찾는 놀이예요. 술래가 콩이 누구한테 있는지 찾는 동안 앉아 있는 친구들은 콩이 없는 척 시치미를 떼기도 하고, 자기한테 있다고 짐짓 거짓 시늉을 하기도 하지요. 술래가 찾으면 들킨 사람이 다음 술래를 하고 못 찾으면 정해놓은 벌칙을 받아요. 콩 심는 사람은 돌아가면서 하기로 정했어요. 은수가 앉아 있는 아이들 중 한 사람에게 직접 콩을 줍니다.

"모두 두 손 벌리고 콩 받을 준비해. 누군가 콩을 받으면 나머지 사람들도 콩을 받은 것처럼 꽉 쥐어야 돼. 술래는 눈을 크게 뜨고 누구한테 갔는지 찾는 거야! 우리 술래가 찾는 동안 노래를 불러주자."

"콩 심어라. 콩 심어라. 콩 심어라……."

은수가 아이들 손을 이리저리 유심히 살피니 아이들이 은수를 더욱 헷갈리게 하네요. 재우는 손을 꼭 쥐고 흔들어 보이며 "여기 있어, 여기!" 하고 재민이도 "나야 나! 나는 거짓말 안 해" 하며 은수를 어렵게 만듭니다.

은수 (차민이를 가리키며) "너지!"

차민 "없지롱, 없지롱."

선생님 "한 명만 더 찾아봐."

은수 "음……, 너 손 펴봐."

민찬 "어? 어떻게 알았나?"

4장 규칙이 있는 놀이

은수가 콩을 가지고 있던 민찬이를 알아내고 콩을 심은 농부 지원이가 아이들에게 벌칙을 받습니다. 벌은 노래에 맞추어 등 두들기기.

"가마솥에 누룽지 박박 긁어서 오도독 오도독 씹으면 정말 맛있다."

지원이가 벌칙을 받은 뒤 다음 술래는 민찬이가 되었고 차민이는 콩 심는 농부를 했어요.

이렇게 놀아요 **있어도 없는 척! 없어도 있는 척!**

◆ 콩 심기놀이는 여섯, 일곱 살 아이들이 실내에서 하면 좋아요. 나이가 너무 적으면 놀이의 규칙을 잘 이해하지 못하거든요. 책상다리를 하거나 보자기를 하나씩 펴서 마치 치마를 입은 듯 만들어 놀면 훨씬 재미있습니다. 아이들은 여덟 명에서 열 명 정도가 알맞아요. 이 놀이의 진짜 재미는 '없는 척, 있는 척'하는 데 있답니다. 그럴 때 아이들 얼굴이 무척 재미있지요.

◆ 이 놀이는 아이들이 다툼이나 큰 승부욕 없이 자연스럽게 어울릴 수 있어 좋아요. 술래를 뽑고, 노래를 부르면서 콩을 심어나가지요.

03 달팽이

달팽이놀이는 땅에 달팽이 모양의 그림을 그려놓고 노는 놀이랍니다. 우선 뱅글뱅글한 달팽이 모양의 선을 그리고 그 선의 시작과 끝나는 지점에 네모 칸을 그려요. 아이들은 두 편으로 나뉘어 각각 안쪽 네모 칸과 바깥쪽 네모 칸에 서요.

  시작 소리와 함께 안쪽 아이와 바깥쪽 아이가 동시에 달립니다. 이때 달팽이 선을 밟지 않고 달려야 해요. 그러다 중간에서 만나 인사를 하고 가위바위보를 해서 이긴 아이가 진 아이를 자기 집으로 데려가요. 진 아이는 뒤에 서 있다가 그 편이 되어 또 다시 나올 수 있지요. 어느 한쪽에 한 명도 없을 때 놀이가 끝나요.

  운동장에 나온 아이들이 선생님에게 긴 막대기를 가져와 불쑥 달팽

이를 그려 달라고 하네요. 엊그제 왔을 때 선생님이 한번 그려주고 나서 저희들끼리 신나게 하더니 또 하고 싶은 모양이에요. 재수, 치훈, 다영, 강준, 세준, 채연, 산이, 주원 이렇게 여덟 명이 편을 나누었어요. 각각 넷이 편이 되어 한쪽은 안으로 한쪽은 밖으로 서고서는 서로 잠시 수군수군하더니 순서를 정했어요.

"시작!" 하는 소리와 함께 양쪽에서 아이들이 달립니다.

"금 밟지 마! 죽어, 조심해!"

안쪽에서는 재수가 달려나오고, 바깥쪽에서는 강준이가 뛰어왔어요. 한 지점에서 둘이 서로 만나 "안녕하시오" 인사를 하고 가위바위보를 합니다. 재수가 지고, 이긴 강준이는 신이 나서 재수 손을 잡고 달립니다. 두 번째는 치훈이와 다영이가 뛰어나왔어요. 만나서 인사하고 가위바위보를 합니다. 이번에는 안쪽 편 치훈이가 이겼어요. 몸집이 작은 치훈이가 키가 큰 다영이를 데려가는데 끌고 가는 것처럼 보여요. 엉덩이를 씰룩거리며 뛰는 치훈이의 뒷모습이 귀엽습니다. 세 번째 네 번째 아이들이 나오고 인사하고 데려가고 쫓아가는 동안 순식간에 이편이 저편이 되고 저편이 이편이 됩니다.

돌다가 서로 만나면 "안녕하시유!", "안녕하쇼!" 하고는 한바탕 웃어요. 가위바위보를 할 때는 꼭 이기려고 하지만, 상대편이 한 명 남아 있으면 오히려 아이들이 자기편 아이에게 "져~라!", "져~라!" 하면서 상대편을 응원해요. 상대편이 져서 놀이가 빨리 끝나는 게 아쉬운 거지요.

이후에는 선생님이 그림을 그려주지 않아도 아이들끼리 삐뚤빼뚤 달팽이 그림을 그려 저희들끼리 뛰고 달렸어요.

이렇게 놀아요 **하늘도 돌고 땅도 돌고 아이도 빙빙 도는 달팽이!**

◆ 아이들은 잡고 뛰고 빙빙 도는 걸 매우 재미있어 합니다. 빙빙 돌 때 아이들은 기분이 좋아진다고 말해요. 금을 밟지 않으려고 조심하면서 쓰러질 듯 돌면서 뛰는 아이들! 그리고 만나서 아주 재미있게 인사하고, 이긴 사람이 진 사람을 데려오지요. 사실 단순한 놀이지만 자기편이 순식간에 다른 편이 된다는 점이 재미있나 봅니다. 네다섯 살 아이들도 중간중간 깍두기로 끼어 형과 누나 손을 잡고 같이 뛰면서 무척 즐거워한답니다.

◆ 친구와 만나서 즐겁게 인사하고 서로서로 자기편으로 만드는 재미도 있지만 금을 밟지 않고 빙빙 도는 것을 더 즐기는 것 같아요. 승부나 결과보다 놀이하는 시간 그 자체가 더 재미있다는 것을 아이들은 몸으로 느낍니다.

◆ 또 다른 놀이 방법이 있어요. 두 편으로 나누어 뛰다가 중간에 만나서 가위바위보를 한 뒤 이긴 아이는 계속 달리고 진 아이는 얼른 밖으로 나와요. 진 쪽에서는 얼른 한 사람이 뛰어나와야 하지요. 그렇게 또 만나 가위바위보를 하면서 상대편 끝까지 먼저 가는 쪽이 이기는 놀이예요.

04 비석치기

재홍이와 승우가 어제 마당에서 형들이랑 함께한 비석치기가 재미있었다며 선생님에게 다시 금을 그어 달라고 합니다. 세 발 정도 뛰어서 줄을 그어주었더니 둘이 어제 가지고 놀았던 '마법 돌'이라면서 망을 꺼내듭니다. 옆에 있던 다른 선생님도 같이하고 싶다고 하네요.

"어른끼리 가위바위보해, 우리는 우리끼리 할 테니!"

선생님 한 명과 아이 한 명이 짝이 되어 비석치기를 시작했어요. 아이들 줄은 앞에, 어른 줄은 조금 뒤에 긋습니다. 몇 번 번갈아 하는 동안에도 승우가 1단계인 '서서 던져 맞추기'를 넘어가지 못하네요.

"어제는 마법이 잘 통했는데 오늘은 왜 안 되지? 에잇, 다시 주문을 걸어야겠다."

승우가 돌에 뽀뽀를 하고 기도를 한 뒤 "맞아라! 꽝!" 소리치며 돌을 던졌어요. 그러고 나니 신기하게도 비석이 넘어가고, 선생님과 재홍이가 깜짝 놀랍니다.

"하하하, 역시 마법 돌은 내 편이야!"

의기양양해진 승우의 얼굴이 연신 방긋방긋합니다. 이제 누룽지(선생님)와 재홍이 편 차례가 되었어요. 재홍이가 "우리도 기도하자"고 합니다.

"마법 돌아 비석을 꼭 맞춰줘."

돌을 가지고 기도하는 모습이 사뭇 진지하네요.

"자, 던진다!"

아쉽게도 재홍이는 비석을 쓰러뜨리지 못했지만 다음 차례인 누룽지가 비석을 맞췄어요.

"와아!"

어렵게 1단계를 넘기고 함성을 지르는 재홍이와 누룽지. 함성 소리에 다른 아이들도 하나둘 관심을 보이고 놀이에 끼워 달라고 조르네요.

"저녁에 시켜줄게 돌 구해 놔" 했더니 밭이나 나무 아래 등지를 돌아다니며 열심히 돌을 찾아와서는 "이건 괜찮아?!" 하고 물어봅니다. 놀이하던 재홍이가 "너무 커, 손바닥만 하고 납작해야 잘 돼" 하니까 또 다른 돌을 찾으러 가네요.

비교적 쉬운 '한 발', '두 발', '도둑 발', '토끼뜀' 단계를 무난하게 해냅니다. 어느새 '오줌싸개 똥싸개' 단계를 시작하는데 선생님들이 웃음을 참지 못하네요. 하지만 놀이에 집중한 아이들은 아랑곳 않고 뒤뚱뒤뚱 걸어가서 똥을 눕니다.

"똥 잘 눠!"

선생님들이 아이들을 응원합니다.

놀이를 안 하는 아이들은 턱을 받치고 앉아 구경을 했어요. 점심 때 구경했던 아이들이 저녁 시간에 놀이를 함께하면서 놀이 인원이 열 명으로 늘었지요. 열 명 아이들이 다섯 명씩 나누어 하기로 해서 선생님이 금을 따로 따로 그려줍니다. '배 사장' 단계에서 망이 배에 잘 안 올려지니 승우가 배 위에 돌을 올려놓고 손으로 땅을 짚네요.

"이렇게 해도 되지!"

아이들이 키가 작아서 배 사장을 어떻게 하나 했는데 몇 번 하는 동안 요령이 생겼나 봐요. 잘 되지 않으니 다리와 손을 땅에 딛고 서서 배에 돌을 올려놓고 갑니다. 정말 기발하지요.

놀이 열기가 점점 더 오르는데 다른 편 가까이에서 어떤 아이가 "못해라 못해라" 하다가 던진 돌에 맞았답니다. 맞은 아이는 일부러 던졌다고 울고, 던진 아이는 놀리다가 스스로 죽었다며 오히려 억울하다고 하소연했어요. 아이들이랑 함께 이야기를 해서 상대편이 놀이를 할 때 놀리지 않기, 비석치기를 할 때 다른 편 가까이에 가지 않기 등의 약속을 정했어요.

나중에는 1단계가 생각보다 조금 어려우니 한 개만 쓰러뜨리면 넘어가자고 저희들끼리 이야기해서 그렇게 하기로 했어요. 그 뒤로 돌을 주머니에 넣고 다니는 아이도 있고 신발장이나 장독대 밑, 계단 아래

두었다가 꺼내 쓰는 아이도 있었지요. 서로 돌이 헷갈리는지 선생님에게 돌에다 이름을 써 달라고도 하네요. 아이들이 처음에는 선생님 돌을 보고 조금 큰 돌로 하더니 2주 정도 지나자 자기한테 맞는 작은 돌을 골라 놓았어요. 아이들 손바닥보다 조금 작은 크기였지요. 선생님이 보기에는 너무 작지 않나 했는데, 아이들은 자기 손에 딱 맞는지 열심히 던지고 잘 맞추네요.

　일곱 살 아이들은 날이면 날마다 틈만 나면 비석치기를 했어요. 그 사이에서 다섯 살 현이가 늘 구경하며 형들 돌을 집어주곤 하다가 한 번씩 형들이 빠질 때 끼어서 하고, 네 살 승원이는 형들 놀이에 끼고 싶어서 괜스레 세워놓은 비석을 쓰러뜨리고 도망가기도 했어요. 형들이 "야아! 너 이리 안 와!" 하고 소리치면 꽁지 빠지듯 뒤도 안 돌아보고 도망갔지요.

　그해 봄 일곱 살 아이들이 비석치기 하나로 한 철을 보냈습니다.

이렇게 놀아요 **돌은 아이들의 분신! 비석치기는 마당놀이의 꽃!**

◆ 비석치기는 비교적 긴 시간이 필요한 놀이입니다. 하지만 아이들은 잠시 틈만 나도 비석치기를 즐겨하지요. 때때로 아이들끼리 다툼도 있지만, 그때마다 아이들과 서로 조율하며 규칙을 조금씩 바꾸었더니 아이들 놀이가 매끄럽게 흘렀습니다. 형들이 하는 것을 본 서너 살 아이들이 큰 돌을 세워놓고 나뭇가지나 작은 돌을 던지며 연습 아닌 연습을 하는 모습도 보았습니다. 생일 선물로 받은 콩주머니를 발등에 올려놓고 걸어가는 모습도 보았고요. 비석치기를 보지 않았다면 할 수 없는 일이지요.

◆ 여러 번을 시도하다가 비석을 맞추었을 때, 아이들은 세상을 다 얻은 것처럼 기뻐합니다. 그리고 내 비석이 넘어갔을 때 아쉬워하는 아이들의 그 표정은 정말 볼 만하지요. 놀이에 빠져 놀면서 아이들 놀이는 점점 더 섬세해집니다. 이렇듯 두세 달을 충분히 놀면 다른 것을 할 때도 이 경험이 바탕이 됩니다. 무슨 일이든 '처음에는 잘 안 되어도 자꾸 하면 잘할 수 있구나'라는 자신감을 길러주지요. 이렇듯 놀이 속에서 죽고 살고, 안 되고 되고를 되풀이해서 놀아본 아이들은 어려운 일이 있을 때도 헤쳐나가는 힘이 있습니다.

◆ 동료 선생님들과 함께 놀이 공부를 할 때 '장님' 단계가 너무 어려웠던 기억이 있었습니다. 그래서 아이들에게 조금은 무심하게 "다음

단계는 눈 감고 하는 거야"라고 말했었지요. 설마 너희들이 그것까지 하겠나 하는 마음이었어요. 그런데 세상에나! 아이들이 눈 감고도 잘하는 거예요. 물론 가끔은 실눈을 뜨고서 겨누기도 하고, 서로 "너, 왜 눈 떠?" 하며 싸우기도 했지만 그 몰두하는 모습을 보면서 감탄할 수밖에 없었답니다. 놀이라는 게 밥 먹다가도 생각나고 자려고 누워서도 생각나는, 그런 재미있는 것이라는 걸 아이들이 알게 될 때 행복합니다. 정말!

05 신발 던지기

오늘도 어김없이 아이들이 배드민턴장에 도착하자마자 신발 던지기를 하네요.

"신발 던지기 할 사람, 여기 붙어라. 안 붙으면 땡그랑!"

배드민턴장 끝 쪽에 줄을 쭉 긋고 놀이가 시작됩니다.

"신발을 던져서 금 밖으로 나가면 퇴장이야."

"제일 멀리 나가는 사람 찾기야."

"다 같이 발로 멀리 나가게 하기다."

"하나, 둘, 셋."

아이들 운동화와 구두가 하늘로 날아올랐다 우르르 떨어졌어요.

"아, 아깝다."

삼민이 신발이 가운데 있는 배드민턴 망을 맞고 떨어지자 삼민이가 무척 아쉬워하네요. 멋진 폼을 잡고 던졌던 진희의 신발은 바로 앞에 떨어지고, 진찬이 신발은 하늘로 멋지게 올라갔지만 배드민턴 선 바깥으로 나가서 아랫길로 떨어졌어요.

"진찬, 너 한 번 쉬어."

아이들은 각자 제 신발을 찾아오고 제일 멀리 나간 우영이는 "내가 1등이다!"라며 포효하더니 으쓱으쓱 돌아와서 줄 앞에 선 아이들에게 단단히 일러둡니다.

"줄 넘어서기 없음이야. 하나, 둘, 셋!"

다시 한 번 신발이 하늘로 붕 날아오릅니다. 이번에는 아랫길에 떨어진 신발이 없네요. 아이들 신발이 참 각양각색입니다. 꽃 모양 구두, 로봇 운동화, 실내화 같은 운동화. 선생님의 큰 운동화도 아이들 신발 사이에 있네요. 한참 신발 던지기를 하며 놀던 아이들 가운데 진찬이가 다른 놀이를 하자고 합니다.

"신발을 한 발만큼 던지고, 깨금발로 뛰어서 신기로 하자."

"그래, 그래."

신발 던지기와 한 발 뛰기가 합쳐졌어요. 주로 여섯 살 일곱 살 아이들이 하겠다고 나서네요. 하지만 규칙을 완전히 이해하지 못한 어린 아이들은 이번에도 신발을 하늘 높이 던져서 올립니다.

"쟤네들은 봐주자."

큰 아이들이 한 발 정도 던진 뒤 뛰어가서 신고 오고, 다음은 두 발 던지고 뛰어가서 신고 옵니다. 이렇게 하기를 여러 번, 어느덧 내려갈 시간이 되었네요.

"얘들아, 가서 밥 먹자!"

"아~ 조금만 더!"

"그럼 딱 5분 하고 빨리 가기야."

"좋아!"

5분이 금방 지나고 선생님이 돌아가길 재촉하니 아이들이 더 큰 소리로 아쉬워하네요.

"아~ 벌써 끝났어?"

"다음에 와서 또 하자."

약수터, 운동장……, 요즘은 어디든 나가면 아이들이 신발 던지기를 하고 놉니다.

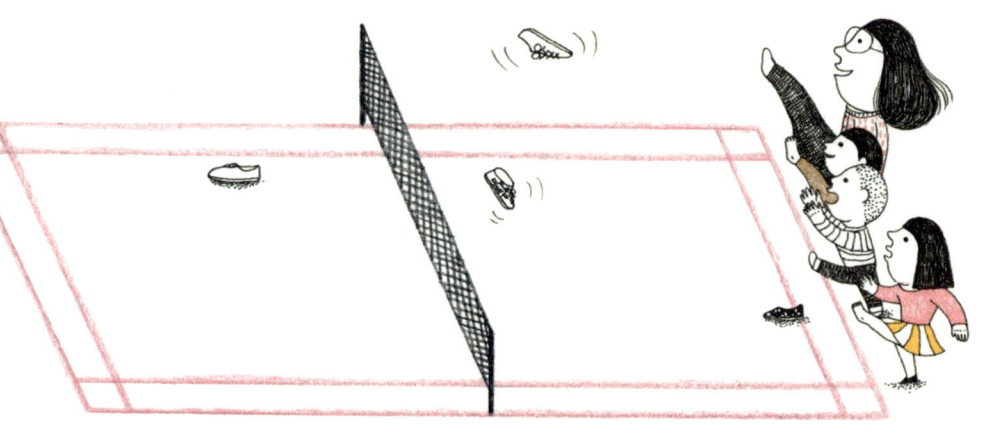

4장 규칙이 있는 놀이

이렇게 놀아요 **신발도 놀잇감이 될 수 있어요**

◆ 신발 던지기놀이는 밖이라면 아무 곳에서나 할 수 있답니다. 실내에서는 아이들이 양말을 벗어서 던지는 놀이로 바꾸어하기도 하지요. 큰 아이 작은 아이 함께 어울려 해도 좋고 또래끼리 해도 좋습니다.

◆ 신발을 이용한 또 다른 재미있는 놀이 하나가 '신발 찾기'예요. 먼저 원 안에 아이들 신발을 한 짝씩 넣습니다. 술래는 신발을 지키고 다른 아이들은 바깥에서 깨금발로 다니다가 술래 눈을 피해 신발을 가져오는 놀이지요. 참 재미있어 합니다. 술래가 잠깐 한눈을 팔았다가는 신발이 눈 깜짝할 사이에 없어져요.

◆ 무엇이든지 놀잇감으로 쓸 수 있다는 것을 하나씩 깨우쳐가는 놀이 같아요.

06 고무줄놀이

선생님과 아이들이 동네 시장에 나들이를 나갔다가 까만 고무줄을 사 왔어요. 선생님이 나무에 고무줄을 묶어놓고 폴짝폴짝 뛰는 모습을 보던 아이들이 하나둘 모여들었어요.

"나도 해볼래, 나도 해볼래."

고무줄놀이는 줄 수에 따라 동작도 다르고 놀이 노래도 무척 다양하답니다. 한 줄 고무줄은 '산토끼' 두 줄 고무줄은 '월화수목금토일', '공주마마 납신다', '빨주노초파남보' 세 줄 고무줄에는 '장난감 기차' 등이 있어요.

선생님은 쉬운 것부터 가르쳐준다며 '월화수목금토일'을 알려주었어요. 왔다갔다 어설프지만 아이들의 몸놀림이 무척 귀엽네요.

선생님 "이런 노래를 불러도 재미있는데."

아이들 "뭔데?"

선생님 "불러볼까?"

아이들 "응, 해봐."

선생님 "공주마마 납신다."

  선생님을 따라서 열심히 "공주마마 납신다"를 하는데 남자아이 한 명이 "나는 왕자마마 납신다로 할 거야" 하면서 팔짝팔짝 뛰었어요. 남자아이들이 "나도 나도" 하면서 왕자마마 납신다를 합니다. 한참을 그렇게 뛰다가 힘이 드니까 얼마 전에 배웠던 노래를 고무줄 노래로 바꾸어 부르네요.

  "한 놈, 두시기, 석 삼, 너구리, 오징어, 육개장, 칠계, 팔다리, 구들장, 쨍그랑."

  고무줄놀이에 이런 노래를 부를 수 있다니! 선생님이 아이들에게 한 수 배웁니다. 선생님은 아이들의 이 거침없는 생각과 자유로움이 부럽습니다. 천천히 뛰는 것도 시들해지면 고무줄로 기차놀이도 하고, 둘이서 잡고 여럿이 지나가는 림보놀이도 하고, 여러 명이 고무줄을 잡아당기며 재미난 모양을 만들기도 했어요.

  실내에서는 피아노 의자와 상다리에 줄을 매고서 저희들끼리 순서를 정해 두 줄 고무줄을 했어요. 마당에서 고무줄을 걸고 있을 사람이 없을 때는 주변에 있는 의자나 나무에 고무줄을 걸어놓기도 했지요. 이렇게 어디든 고무줄을 붙잡아놓을 수 있는 곳만 있으면 어디든 고무줄 놀이터가 되었어요.

어느 날 선생님이 '장난감 기차'라는 새로운 고무줄놀이를 아이들에게 가르쳐주었어요. 처음 배우는 고무줄놀이가 낯설었던 아이들은 뻣뻣한 자세로 다리를 엇갈려 움직이며 어려워했어요. 하지만 이내 곧 좀 더 빠르게 뛰어야 박자를 맞출 수 있고 다음 고무줄로 이동하기도 편하다는 사실을 깨달았지요. 그렇지만 박자 맞추기를 어려워하는 동수는 노래를 부르며 뛰는 것이 여전히 힘들어 보였어요. 발 움직임은 맞는데 박자가 전혀 맞지 않으니 우스꽝스럽게 움직이는 꼴이 되었지요. 모두들 한바탕 크게 웃었습니다.

역시 보고 자라는 게 무섭다고, 작년에 고무줄놀이를 하고 놀았던 대여섯 살 아이들이 예전에 놀았던 경험이 있어서 좀 더 잘 뛰어노네요. 여섯 일곱 살 아이들은 '월화수목금토일'과 '산토끼'를 주로 해요. 네 살 꼬맹이들도 줄을 밟거나 만지며 흥미를 보여요.

어느새 해가 지고 어두컴컴해지는데, 두 녀석이 고무줄이 안 보여 걸려 넘어지면서도 끝까지 고무줄을 하겠다고 우기네요. 아이들을 데리러온 엄마들이 아이들과 함께 집으로 향하기는커녕 편을 나누어 고무줄놀이를 함께하기로 합니다. 어릴 때 어떤 고무줄놀이를 하고 놀았는지, 우리 동네는 어떻게 달랐는지 등을 이야기하면서 한 명씩 시범을 보여주기도 했어요. 엄마들이 와서 함께 뛰어노니 아이들이 더욱 신납니다.

이후 한동안 엄마들에게도 고무줄 바람이 일어났어요. '전우의 시체'를 할 때는 별로 키가 크지 않으신 한 엄마가 손을 대지 않고 다리를 쫙 펴서 줄을 넘는 것을 보고 주위 모든 엄마와 아이들이 환호성을 지른 일도 있었지요. '딱따구리'를 할 때는 또 다른 엄마가 끝 단계까지 넘겨서 자기편을 모두 다 살려내 아이들이 까무러치게 좋아했지요. 어릴 때 많이 놀아본 엄마들은 그 추억으로 들뜨고 흥분했지만, 많이 놀아보지 않은 엄마들은 재미가 적었어요. 아이일 때 즐겁고 흥겹게 놀았던 놀이는 어른이 되어서도 고스란히 몸속에 남아 있는 것 같아요.

이렇게 놀아요 **엄마가 더 신나게 노는 고무줄놀이**

◆ 선생님이 처음 시작할 때 방법을 일러주고, 놀이 중간중간 아이들이 모르는 부분이 있을 때 알려주세요. 고무줄을 잡아주거나 한 줄 고무줄을 할 때 같이하기도 합니다. 관심 있는 아이들이 와서 쉽게 놀이에 참여할 수 있도록 늘 놀이판이 열려 있어야 하는데, 고무줄놀이는 고무줄만 있으면 할 수 있는 놀이라 어떤 놀이보다 수월합니다. 서너 살 어린 아이들이 아직 구체적인 놀이를 익힐 때는 아니지만 생활에서 고무줄놀이를 만나면 그 수준에 맞는 놀이로 바꾸어 놀기도 하지요.

◆ 선생님이나 엄마 아빠가 신나게 놀면 어느새 아이들에게 전염된다는 것을 우리는 압니다. 고무줄놀이도 지역과 동네마다 그 놀이 방법과 노래가 무척 다양합니다. 부모님들이 각자 알고 있는 방법과 노래를 알려주고 함께 놀면 아이와 부모 모두 더욱 즐겁습니다.

◆ 노래를 부르며 몸으로 뛰는 고무줄놀이는 아이들에게 박자와 리듬감을 몸으로 익힐 수 있게 해주어 좋습니다.

07 줄 당기기

이렇게 불러요

어허야 술비야
　어허야 술비야
친구들 모여라
　어허야 술비야
줄다리기 해보자
　어허야 술비야
힘차게 당겨라
　어허야 술비야

술비소리가 마당에 퍼집니다. 선생님은 줄다리기용 줄 한가운데 붉은 끈과 파란 끈을 매고, 유천이는 징을 치겠다며 선생님 옆에 앉았어요. 아이들은 마당에 앉아서 아직 안 나온 친구들을 기다리며 "친구들 모여라 어허야 술비야" 하고 부릅니다.

줄다리기를 할 때마다 노래를 했더니 아이들이 자연스럽게 뒷소리를 따라 하네요. 어린아이들과 선생님이 한편을 하고 큰 아이들이 한편이 되어 팀을 나눕니다.

"야! 우리 꼭 이기자!"

일곱 살 아이들은 우리 편이 이겨야 한다며 큰 소리로 다짐을 하네요. 소진이도 세정이도 "화이팅!" 하며 주먹을 쥐어보입니다. 첫 번째는 선생님 한 명과 서너 살 아이들의 대결이에요. 아이들이 줄을 사이에 두고 엇갈려 서서 잡을 수 있도록 다른 선생님이 도와주었어요.

"얘들아, 노래 힘차게 불러줘!"

한쪽 편에 아이들이 나란히 서 있고, 반대편에서 선생님 혼자 줄을 잡고 있어요.

"술비소리 부를 때는 줄을 안 당기는 거야. 징을 칠 때 당겨야 해. 알았지?"

선생님의 설명을 듣고난 뒤 징채를 잡고 앉은 유천이 눈이 더욱 빛납니다. 진행하는 선생님이 줄 가운데 부분을 꼭 잡고 앞소리를 시작하네요.

"어허야 술비야 어허야 술비야, 친구들 모여라 어허야 술비야, 줄다리기 해보자 어허야 술비야. 힘차게 당겨라 어허야 술비야."

"지잉~(징 소리)."

잔뜩 힘이 들어간 아이들이 줄만 팽팽하게 잡고 서 있어요. 선생님이 줄을 조금 잡아당기자 그때서야 아이들도 줄을 힘껏 당깁니다. 아이들 얼굴에 긴장한 빛이 역력하네요. 선생님은 줄을 세게 당기기도 하고 살짝 놓아주기도 하면서 놀이를 재미있게 만들고 아이들은 있는 힘껏 줄을 당겨요.

"도란방(어린아이들이 속한 방 이름) 이겨라!"

큰 아이들이 모두 한마음으로 동생들을 응원해요. 지나가던 아저씨도 잠시 발걸음을 멈추고 흐뭇한 얼굴로 줄다리기를 구경합니다. 팽팽하게 힘을 주던 선생님이 힘을 슬쩍 놓으니 줄이 주르륵 아이들 편으로 갔어요.

"지잉~."

"도란방 만세! 와!"

함성을 지르는 아이, 그냥 지켜보고만 있는 아이, 줄을 잡고 장난치는 아이 모두 제각각이네요. 다음은 다섯 살에서 일곱 살 아이들이 양편으로 나와서 앉았어요.

"내가 앞에 설게."

"힘센 네가 뒤에서 잡고 앉아!"

자리를 잡을 때부터 좀 더 나이 많은 형들이 지휘를 하네요.

"이쪽으로 당기는 거야!"

못 미더운지 동생들한테 시범을 보이기도 합니다.

"영차영차 하면서 당겨!"

일곱 살 아이들은 이리저리 이길 수 있는 방법을 궁리하며 동생들 자리를 잡아준 뒤에야 줄을 잡고 자리에 앉았어요.

"애들아 이제 일어나는데, 줄 지금부터 당기면 안 돼. 노래할 때 줄 당기면 반칙이야! 반칙하면 지는 거 알지?"

선생님이 소리를 높였더니 아이들이 가락에 맞춰 흥을 타며 줄을 주고받기 시작합니다.

"어허야 술비야 어허야 술비야 친구들 모여라 어허야 술비야."

"지잉~."

"영차 영차, 잘해라! 잘해라!"

아이들이 온힘을 다해서 당기고 이젠 어린 동생들이 큰 목소리로 응원합니다.

"지잉~."

"이쪽 편 승리!"

"와아!"

이긴 아이들은 펄펄뛰며 손뼉을 마주치고, 진 아이들은 어깨가 축 쳐져 이긴 아이들을 바라보는데 실망한 빛이 역력합니다.

"이쪽 편이 자리가 좋은 것 같애. 바꿔서 하자!"

아이들이 서로 자리를 바꾸고, 진 아이들은 이전보다 더욱 열심히 작전을 짭니다.

"현석아 인영이랑 꼭 맨 뒤에 앉아야 돼."

"얘들아, 소리 한번 지르고 하자. 와! 와! 와!"

"어허야 술비야, 어허야 술비야, 줄다리기 해보자, 어허야 술비야, 이쪽 편 힘내라. 어허야 술비야."

"지잉~."

밀고 당기기를 여러 번, 이번에는 좀 전에 졌던 아이들이 이겼어요.

"와!"

이긴 편은 펄쩍 뛰고 진 편은 넋을 놓고 쳐다봅니다.

"한 번 더 해. 이번엔 이길 거야!"

이번엔 우리 편이 이기리라 다짐하는 아이들 눈이 반짝입니다.

이렇게 놀아요 줄을 놓으시오! 줄을 당기시오!

◆ 아이들이 무척 좋아하는 '여럿이 하는 놀이' 가운데 줄 당기기를 빼놓을 수 없습니다. 선생님은 노래를 부르면서 흥을 돋우고 빠르기를 맞춰주세요. '외줄다리기'에서 더 나아가면 '마주보고 줄다리기'나 '서로 몸을 안고 늘어서서 하는 줄다리기'도 있습니다. 놀이를 통해 이기거나 지는 경험을 자연스럽게 많이 겪어본 아이가 마음이 넉넉한 아이로 자랍니다.

◆ 줄 당기기를 할 때 새끼줄이 있으면 새끼줄을 엮어 어린아이들이 놀 수 있도록 도와주세요. 손이 덜 아파서 좋답니다. 부모님도 함께 하면 어른과 아이가 함께하는 즐거운 놀이마당이 될 수 있어요.

5장 꾸며 하는 놀이

〰️ 흉내를 내거나 따라 한다는 것은 아이들의 본디 모습입니다. 아이들이 만약 무언가를 따라 하거나 흉내를 내지 않는다면 배움이라는 것도 없을지 모릅니다. 아이들은 그냥 따라 하기도 하지만 완전히 다른 역할을 자신에게 주어 그 역할을 사는 즐거움을 놀이로 표현하기도 합니다. 공주가 된 척하는 것이 아니라 그 아이는 공주인 겁니다. 이것을 부모와 교사가 조금 혼동하는 경우가 있는 것 같습니다. 어디까지나 놀이니까 아이들이 실제로 그렇게는 생각하지 않는다는 것이지요. 그렇지 않습니다. 우리는 아이들이 그런 모습으로 다가올 때 실제로 그렇게 대해줘야 마땅합니다. 놀이는 아이들의 현실이기 때문입니다.

〰️ 연극을 하는 것처럼 아이들이 역할을 맡아 놀이를 할 때가 있습니다. '꾸며 하는 놀이'라고 할 수 있는데, 아이들은 그 속에서 자신들의 이야기를 풀어내기도 합니다. 유아기는 온갖 것들이 살아 있다고 느끼고 그들에게 말을 걸고 이야기를 주고받으며 지내는 때이기도 합니다. 놀이 속에서 나오는 다른 사람, 동물, 식물 등등이 되어 자기 자신을 표현하는 거지요. 아이들은 이 과정에서 자기와 또 다른 나를 만납니다. 자기중심적인 시기를 지나 조금씩 주변에 관심을 갖고, 스스로 놀이를 만들고, 놀이에 필요한 놀잇감을 만들기까지 합니다.

01 소꿉놀이

숟가락, 국자, 작은 통, 헌 냄비, 그릇, 그리고 모래와 나뭇잎, 조약돌, 꽃잎 들은 아이들의 소중한 살림살이입니다. 맛난 음식을 만들고 생일 잔치를 열고 아기나 언니가 되었다가 엄마나 아빠가 되어보기도 하는 아이들의 작은 세상이지요.

점심 먹기 전 아이들이 마당에서 소꿉놀이를 하고 있어요. 어린이집 한쪽 구석에는 제법 큰 흙벽돌집이 있습니다. 흙벽돌집 안에 아이들이 동네 분리수거장에서 나온 작은 서랍장, 차량용 냉장고, 작은 밥상 등을 옮겨와 식당을 차렸답니다. 여자아이들은 더운 여름을 이곳 시원한 흙벽돌집에서 보내며 노는 걸 좋아했지요. 흙벽돌집 옆 평상 위 그릇에는 나뭇잎이 수북하게 담겨 가지런히 놓여 있습니다. 다섯 살 여자아이 한결이와 연우가 나뭇가지를 들고 흙더미로 가서 흙을 긁네요.

"나는 초코 가루를 모으는 중이야."

한결이와 연우는 흙을 긁어 평상 위에 있는 그릇 안에 담습니다. 다섯 살 남자아이 보리와 형준이도 같이 긁어온 흙과 나뭇잎으로 냉장고를 만들고, 모래를 작은 그릇에 담아 동그랗게 찍어서 뭔가를 만들고, 작은 병에 있는 모래를 뿌리고 나뭇잎까지 붙이더니 생일잔치를 한다고 하네요.

"오늘은 초코 케이크입니다."

"생일 축하합니다~, 생일 축하합니다~."

아이들이 어느새 생일상을 차렸어요.

생일 초인 나뭇가지를 후~ 불고 박수를 치며 즐거운 생일잔치를 했어요. 이때 연우가 선생님에게 말하네요.

"나 숟가락이 필요해."

선생님이 여기저기 살펴보다 주방에서 숟가락을 구해 오니 서너 살 아이들도 하나씩 숟가락을 들고 모래를 파서 채로 걸러 고운 흙을 만들었어요.

"우리는 이제 농사를 지을 거야, 흙이 더 필요해."

보리와 형준이는 손수레를 밀며 모래와 흙을 쓸고 다니고, 네 살 용상이와 서너 살 아이들 둘이 미끄럼틀 아래로 들어갑니다.

용상이는 선생님에게 "맛있는 거 해줄게" 하며 위층으로 올라가 있으라고 하네요. 용상이가 고양이(선생님)에게 물어봅니다.

"뭐를 시켜 드릴까요? 뭐 먹을래요? 고양이 손님."

5장 꾸며 하는 놀이 169

"음, 떡볶이 주세요."

어디선가 급히 나타난 보리도 한마디 거듭니다.

"나도 떡볶이 주세요. 매운 걸로 주세요."

용상이는 접시에 모래, 나뭇가지, 꽃잎을 조금씩 담아왔어요.

"야 맛있겠다. 냠냠냠, 잘 먹었습니다."

떡볶이를 먹고 다른 음식을 주문하려는데, 진짜 밥을 먹으러 들어오라는 선생님 목소리가 들렸어요. 용상이가 자리에서 일어나며 말합니다.

"우리 점심 먹고 또 하자."

연우와 한결이도 맞장구를 칩니다.

"그래, 그래."

아이들은 놀던 걸 그대로 놔두고 뛰어들어갔어요. 선생님은 아이들이 놀던 곳을 정리하지 않고 다음 놀이가 이어지게 그냥 둡니다.

점심을 먹은 뒤 오후 활동까지 끝내고 다시 놀이터로 아이들이 뛰어나왔어요. 밖으로 나가자마자 미끄럼틀 밑으로 들어갑니다. 따라나간 고양이를 보자마자 손님 역할을 하라고 아우성이네요. 이번에는 연우, 한결, 보리, 현덕, 모두가 음식 만드는 사람이고 선생님만 손님이네요. 연우가 고양이에게 물었어요.

"고양이, 뭐 먹고 싶어요? 아까 음식은 안 돼요."

"음, 짜장면 먹고 싶어요."

"알았어요. 짜장밥은 안 되고 초코밥 줄게요."

"짜장밥 말고 짜장면이요."

"네. 얼른 해줄게요."

연우와 보리가 한참을 달그락거리며 음식을 만듭니다. 먼저 보리가 손수레에 네모난 통을 담아 가지고 옵니다. 뚜껑도 꼭 닫혀 있네요.

"배달 왔습니다. 짜장밥입니다."

고양이가 뚜껑을 열어보니 모래가 가득 담겨 있습니다.

"어, 제가 시킨 것은 짜장밥이 아니라 짜장면인데요?"

"이거 짜장면이에요."

"짜장면에 왜 면이 없어요? 면은 길게 생겼잖아요."

"그럼, 어떻게 해요?"

"글쎄요. 긴 것을 한번 찾아보세요."

"네."

보리는 밑으로 내려가더니 놀이터 주변에서 긴 것을 찾아보다가 봉우리가 맺힌 꽃을 하나 뜯으면서 말합니다.

"이거요?"

"그건 길지 않은 것 같은데요."

이번에는 담 옆에서 긴 풀을 뜯더니 쪼그리고 앉아 또다시 뭔가를 열심히 합니다. 조금 있다가 다시 손수레에 뚜껑을 꼭 닫은 네모난 상자를 가지고 와서 고양이 앞에 내놓습니다.

"짜장면 배달 왔습니다."

"어디 맛있나 한번 볼까요?"

고양이가 뚜껑을 열어보니 아까 담아놓은 모래에 긴 풀들이 뒤섞여 있습니다.

"와! 맛있는 짜장면이네요. 잘 먹겠습니다."

'맛있는 짜장면'이란 소리에 아이들이 우르르 와서 구경하고는 "나도 만들어야지!" 하며 모두들 풀을 뜯으러 갔어요.

이렇게 놀아요 소꿉은 아이들의 살림살이입니다

◆ 소꿉놀이는 어른들 살림살이를 미리 경험해보는 상상놀이, 친구들과 어울리고 소통하는 협동놀이, 어른 세계를 아이들이 체험해보는 역할놀이 등 여러 가지 빛깔이 한데 어우러져 있는 놀이랍니다.

◆ 선생님이나 어른들이 놀이의 환경을 알맞게 만들어주고, 몇 가지 주방 도구를 주면 아이들의 놀이가 점점 더 풍성해집니다.

◆ 어른들은 때에 맞게 놀이 속으로 왔다갔다 할 필요가 있습니다. 만약 아이가 어떻게 놀아야 하는지 몰라 주춤거리고 있다면, 놀이 속으로 들어가 조금 이어줄 수 있어야 하지요. 이렇게 하면 잘 놀지 못하는 아이들도 놀이 세계로 이끌어줄 수 있답니다. 그렇지만 지나치면 좋지 않은 법! 지나친 끼어들기는 아이들 놀이를 지루하게 할 수도 있다는 것을 잊지 마세요.

02 송아지 따기

이렇게 불러요

저 달 봤나?

　저 달 봤다

저 나무 봤나?

　저 나무 봤다

이 놀이는 어미 소가 소도둑을 막고, 소도둑이 송아지를 잡으러 가는 내용을 중심으로 연극을 하듯 노는 놀이예요. 송아지를 '잡는다'는 것을 '딴다'고 표현하기도 하지요. 맨 앞에 어미 소 역할을 맡은 사람이 서고 그 뒤로 어린 송아지 역할을 맡은 아이들이 길게 늘어서는데, 소도둑이 맨 끝에 있는 송아지를 따거나, 송아지들이 떨어지면 놀이가 끝나요.

아이들이 송아지 따기놀이를 무척 좋아합니다. 네 살에서 일곱 살 아이들 아홉 명이 함께했어요. 자기 대사가 있을 때는 조금 쑥스러워

했지만 다른 아이들 앞에서 소리 내어 한번 해보면 자신감을 얻고 모두 뿌듯해했어요. 그 모습을 선생님들도 흐뭇하게 바라봅니다. 흥을 돋기 위해 주고받는 말도 더 넣고, 해설하는 친구도 새로 뽑아 놀아보았어요.

해설 "송아지네 가족이 늘어났습니다. 어린 송아지 여섯 마리(아이들 인원 수에 맞게)가 태어났거든요. 송아지가 태어났다는 소문을 들은 소도둑이 달려왔습니다. 송아지를 빼앗으려고요."

소도둑 (송아지를 하나씩 쓰다듬으며) "아이고, 이렇게 예쁜 송아지들이 있네!"

어미 소 (얼른 소도둑을 가로막는다)

소도둑 "소 한 마리만 주게."

어미 소 "우리 송아지야! 내가 힘들게 낳았어."

소도둑 "내가 잘 키워줄게."

어미 소 "안 돼. 내가 잘 키울 수 있어."

소도둑 "내가 맛있는 풀 많이 줄게."

어미 소 (손으로 소도둑 앞을 막으며) "안 돼!!"

소도둑 (혼잣말로) "안 되겠는 걸, 옳지! 이렇게 해야겠다."

소도둑 (해를 가리키며) "저 해 봤나?"

어미 소 "나도 봤지."

소도둑 "저 달 봤나?"

어미 소 "나도 봤지."

소도둑 "저 나무 봤나?"

해설 "소도둑은 주변에 있는 것들을 가리키며 어미 소와 송아지들의 눈길을 다른 곳으로 끌려고 애를 쓰네요. 그때!"

어미 소 (두 팔을 벌려서 소도둑을 막으며) "나도 봤지."

소도둑 (큰 소리로) "내 송아지 잡아가자! 우-우-우-우-우-우!"

아이들은 간단한 대사 몇 마디를 주고받는 상황에도 무척 몰입하며 놀이에 빠져들었어요. 어린 동생들을 어미 소 역할을 맡은 아이와 다른 큰 아이들 사이에 자리 잡을 수 있도록 배려했어요. 놀이를 하는 동안 몹시 집중한 아이들은 머리에 송글송글 땀이 맺혀 있네요. 소도둑 역할과 어미 소 역할을 바꿔가며 아이들은 몇 번이고 다시 놀이를 합니다.

이렇게 놀아요 말을 서로 주고받는 재미가 있는 놀이!

◆ 송아지 따기는 기존 꼬리 따기놀이에 극을 더한 놀이입니다. 그냥 꼬리 따기만 하고 놀아도 재미있지만 대사를 넣어 연극을 하듯 놀면 더욱 재미있어 합니다.

◆ 소도둑과 어미 소의 대화는 아이들 나이를 반영하며 알맞게 줄이거나 늘립니다. 처음에는 큰 아이들이 어미 소와 맨 끝 쪽 꼬리 역할을 맡고 가운데는 동생들을 넣어서 줄이 쉽게 끊어지지 않게 해주세요. 천천히 앞뒤를 보아가면서 놀이를 하도록 도와주면 좋습니다.

◆ 묻고 답하는 중에 아이들이 모두 한목소리를 내고, 서로서로를 붙잡은 상태에서 자연스럽게 한 몸이 되어 배려하는 마음이 생깁니다. 또한 주변에 있는 사물을 눈여겨보게 만드는 놀이이기도 하지요.

03 떡장수놀이

 떡장수놀이는 열 명 정도의 아이들이 함께하기 좋은 놀이예요. 우선 마당에 달팽이 그림을 그립니다. 그리고 놀이하는 아이의 인원에 맞춰 떡장수를 뽑아요. 전체 놀이 인원이 열 명일 때 떡장수는 두세 명 정도가 적당하답니다.

 떡장수가 "떡 사시오"를 외치면 달팽이 가운데 모여 있던 손님들이 달려나옵니다. 떡장수와 손님이 흥정을 하다가 손님이 안 사겠다고 떡(돌이나 깡통)을 발로 차고 안쪽으로 도망치면, 떡장수가 손님을 쫓아가 잡는 놀이예요.

 "우리 떡장수 하게 달팽이 그림 좀 그려줘."
 일곱 살 아이들이 작은 나뭇가지를 가지고 왔어요.

"지금 세 살 동생 돌봐줘야 하는데?"

"우리가 훈이랑 서연이 보면 되잖아."

아이들이 이렇게 나오면 안 그려줄 수가 없지만 선생님은 한 번 더 눙을 쳐봅니다.

"너네도 잘 그리잖아."

"우리가 그리면 너무 삐뚤어져."

"알았어. 이번만 특별히 그려주는 거야."

선생님은 선심 쓰듯 나뭇가지를 들고 그림을 그려줍니다.

"내가 그림 그리는 동안 훈이랑 서연이 잘 봐줘."

선생님은 그림을 그리면서도 세 살 서연이와 훈이가 다른 곳으로 사라질까 봐 자주 아이들 쪽을 바라보며 달팽이 그림을 그려주었어요. 빙글빙글 달팽이 모양의 선이 그려지고 선 끝에는 떡장수가 되는 아이들이 떡을 놓고 파는 장터가 될 수 있도록 네모를 그려주었어요.

"그림 다 그려졌어! 떡장수 뽑자!"

일곱 살 아이들이 모여 떡장수 세 명을 정하고, 떡 사러 가는 사람들은 맨 앞에 서서 뛸 사람과, 떡을 발로 찰 사람을 정합니다. 떡장수 역할을 맡은 아이들은 머리에 보자기를 두르고서 마당에 있는 양푼에 떡(돌)을 골라 넣습니다. 그리고 머리에 양푼을 이고서 아이들이 모두 들을 수 있도록 크게 소리쳐요.

"떡 사세요. 떡 사세요. 맛있는 꿀떡입니다."

옆에 있던 다른 떡장수 아이가 더욱 목소리를 높이네요.

"나는 무지개떡이에요. 색깔도 예쁘고 맛도 좋아요!"

신경전을 벌이는 떡장수 아이들이 양푼을 내려놓고 본격적으로 흥정에 나섭니다.

"진짜 맛있는 떡이 왔어요. 지금 막 만들어나온 따끈따끈한 떡입니다."

언제 이런 말들을 생각해냈는지, 선생님은 가르쳐주지 않았는데도 재미있게 대사를 만들어내는 아이들이 기특합니다.

달팽이 안에서는 손님을 하기로 한 아이들이 수군수군하며 저마다 역할을 정하더니 희상이가 가장 먼저 달려나옵니다. 그리고 이내 다른 아이들도 빙글빙글 달팽이 선을 따라 쫓아나오네요.

"아줌마 이 떡 얼마예요?"

"오백 원."

"아저씨 떡 얼마예요?"

"이천 팔천 원."

'이천 팔천 원' 하는 어이없는 가격에 어른들은 소리 없이 웃지만 아이들의 진지한 흥정은 계속됩니다.

"너무 비싸, 깎아줘요."

"그럼 오십 원."

"깎아줘야 사지."

"만 원."

"오만 원."

깎아주는 떡장수는 한 명이고, 다른 떡장수들은 모두 값을 올리네요. 그래도 흥정은 계속 이어집니다.

"안 돼. 이건 내가 힘들게 만든 떡이라고. 이렇게 예쁜 돌 고르느라고 어려웠어."

"돌이 아니고 떡이잖아!"

옆에 있는 떡장수 은선이가 핀잔을 줍니다.

"깎아줘."

"안 돼, 오백 원."

"깎아줘."

"안 돼."

"에잇!"

아이들은 떡이 든 양푼을 발로 찬 뒤 후다닥 도망을 갔어요. 하지만 일찌감치 엉덩이를 들고 있던 떡장수가 재빠르게 일어나 쫓아갑니다. 빙빙 돌면서 뛰어가고 잡힐 듯 말 듯하다 결국 한 아이가 잡혔어요.

"야호! 잡았다."

무사히 도망친 나머지 아이들은 달팽이 중앙에서 한숨을 내쉬네요. 다시 떡장수를 뽑고, 옆에서 구경만 하던 준이도 함께 놀기로 합니다. 하지만 재호는 병원에 가자며 데리러온 엄마 손에 이끌려 떠날 수밖에 없었어요. 투덜대던 재호는 못내 아쉬운지 달팽이를 바라보고, 그러는 사이 놀이는 계속됩니다.

어느덧 해는 산을 넘어가는데 아이들은 그만둘 생각을 않네요. 아이를 데리러온 정훈이 엄마가 떡장수놀이를 보고서는 웃으며 말합니다.

"'백 원이면 몇 개야?' 하고 물었던 게 이 놀이 때문이었구나?!"

이렇게 놀아요   긴장감과 해방감을 동시에 느낄 수 있는 놀이

◆ 아이들은 보자기 쓴 떡장수 역할을 특히 좋아합니다. 처음에는 선생님이 놀이 내용을 알려주고 함께 놀아주세요. 순서대로 떡장수 할 사람을 정해놓아도 좋습니다. 또는 잡힌 아이가 떡장수를 하기도 하는데 이럴 때는 아이들이 떡장수를 하려고 일부러 잡히기도 하는 일이 벌어진답니다. 달팽이 그림 안에서는 누가 맨 앞에서 달릴 것인지, 누가 떡을 찰 것인지 하는 등의 이야기가 조용조용 오고가지요.

◆ 놀이를 할수록 아이들끼리 주고받는 살아 있는 말들이 풍성해지는 놀이랍니다. 떡을 발로 차기 전의 긴장감과 차고 돌면서 달리는 아이들의 얼굴에서 해방감을 엿볼 수 있답니다.

6장 **손놀이**

〜〜〜 손놀이의 대표적인 놀이는 공기놀이지요. 여자 분들은 공기놀이를 많이 하다 손날 끝이 터지고 피가 났던 기억이 있을지도 모르겠네요. '손놀이'를 '손 유희'라고도 하는데 그냥 손놀이로 했으면 좋겠어요. 손놀이를 눈여겨보면 이 놀이가 손에서 그치지 않고 팔과 몸과 머리와 마음이 하나로 닿아 있는 놀이라는 것을 알게 된답니다.

〜〜〜 손놀이에 필요한 공깃돌을 직접 주우러 다니며 여러 가지 크기와 모양의 돌을 만나기도 하고, 평소에는 눈여겨보지 않았던 작은 풀도 새로운 놀잇감으로 보게 되지요. 이렇게 돌, 풀, 실 등등 아이들은 친구들과 함께 주변의 작은 것들과 만나고 그것으로 무언가를 만들며 끊임없이 놉니다.

〜〜〜 손은 아이들이 세상과 만나는 통로라고 할 수 있습니다. 발로는 아이들이 세상을 딛고 있지요. 손과 발로 아이들은 세상을 헤쳐나갑니다. 아이들이 이런 손과 발을 마음껏 쓸 수 있도록 하는 것이 우리 유아교육의 큰 줄기가 되어야 한다고 생각합니다. 우리는 너무 어린아이들을 머리로 세상과 만나게 하는 교육에 몰두하고 있습니다. 모든 놀이는 손 장난에서 시작되었다는 말을 하고 싶네요.

01 아카시아 이파리로 놀기

 산으로 가는 중간 길에 평소 아이들과 선생님이 쉬어가는 곳이 있어요. 오늘은 이곳에서 놀기로 합니다. 이곳에 오면 아이들은 둔덕에 올라가 미끄럼도 타고 뛰어내리기도 해요. 둔덕 둘레에는 작은 아카시아나무가 많아 무척 예쁘지요. 정우가 아카시아 잎사귀를 따와서 선생님과 가위바위보를 하자고 합니다. 줄기에 달린 잎의 개수를 모두 세어보고, 서로 개수를 같게 만든 다음 가위바위보를 하면서 하나씩 떼어냈어요. 선생님과 정우가 하는 것을 보고 다른 아이들도 한 줄기씩 떼오고, 여기저기서 가위바위보놀이를 하며 더운 여름을 시원하게 보냅니다.

 민정이가 아카시아 잎을 떼어내고 남은 줄기를 선생님께 가져왔어요.
 "파마해줘!"

"네 알겠습니다, 손님. 예쁘게 해드릴게요."

민정이의 갑작스런 부탁에도 선생님은 능청스레 연기를 합니다. 능숙하게 아이의 머리카락을 몇 가닥씩 잡아서 줄기와 함께 하나하나 감아 올려주었어요. 민정이가 낮잠을 자고 일어난 뒤에 풀어주니 정말 미용실에서 파마를 한 것처럼 꼬불꼬불한 머리카락이 되었네요.

"마음에 드세요, 손님?"

"네!"

민정이는 기분이 좋은 듯 명랑하게 대답하고 거울에다 요리조리 자신의 모습을 비춰봤어요.

이렇게 놀아요 더운 여름에는 아카시아 잎으로 놀아요

◆ 아카시아 잎을 가지고 놀이를 하면서 걷는 산길은 언제 걸어도 행복합니다. 싱그러운 잎사귀들이 풍성하게 피어 있는 계절에 만끽할 수 있는 이런 놀이는 자연이 준 선물입니다.

◆ 아카시아 잎줄기를 이용해 잎 떼기놀이, 미용실놀이를 이어서 할 수 있어요. 또 아카시아 나무에 있는 가시를 이용해서 놀 수도 있어요. 뾰족한 가시 하나를 떼내어 표면적이 넓은 가시 아랫부분에 침을 살짝 묻혀 아이들 코에 척! 붙여주세요. 그러면 "코뿔소다!" 하고 재미있게 놀아요.

02 풀각시

이렇게 불러요

풀을 꺾어 머리하고 가지 꺾어 비녀 꽂고

앞산에 핀 빨간 꽃 뒷산에 핀 노란 꽃

빨간 꽃은 치마 짓고 노란 꽃은 저고리 짓고

게딱지로 솥을 걸고 찔레 꺾어 밥을 하고

솔잎으로 국수 말아 풀각시를 절 시켜요

풀각시를 절 시키면 망건을 쓴 새신랑이

머리꼭지 흔들면서 따개비로 술 마셔요

다섯에서 일곱 살 아이들이 선생님과 산으로 나들이를 갑니다. 여름방학을 보낸 뒤 찾은 산에는 이름 모를 풀이 무성하네요.

"내가 인형 만들어볼까?"

"어떻게?"

선생님이 인형을 만들어보겠다는 말에 곁에 있던 아이들이 호기심

어린 눈으로 바라보네요. 일단 선생님이 한 손에 쥘 수 있을 정도로 풀을 뜯어와 가지런히 정리합니다. 정리한 풀을 막대기 끝에다 묶어서 고정을 시키고 뒤집어준 뒤, 머리를 땋는 것처럼 풀을 엮어주니 인형 모양이 되었네요. 앉은자리에서 인형이 뚝딱 생기니 너도나도 만들어 달라며 선생님께 매달립니다.

선생님이 어린아이들에게는 만들어주고 일곱 살 수민이와 해림이에게는 머리 땋는 부분을 직접 해보게 했어요. 수민이는 어려워하며 끙끙대는데 다섯 살 때부터 자기 머리카락을 묶었던 해림이는 야물게 풀을 다듬어 인형을 잘 만들었어요.

"우와, 해림이 언니 잘 만든다."

선생님 곁에 줄을 서 있던 어린아이들이 해림이 쪽으로 우르르 몰려듭니다. 갑작스러운 관심에 해림이는 조금 부끄러웠지만 이내 아이들 인형을 능숙하게 만들어주기 시작했어요.

"풀을 꺾어 머리하고 가지 꺾어 비녀 꽂고……, 솔잎으로 국수 말아 풀각시를 절 시켜요."

해림이가 인형을 만드는 동안 선생님이 풀각시 노래를 불러주네요.

"그거 결혼시키는 노래야?"

"응, 맞아."

"뽀뽀도 해?"

"뽀뽀도 하지."

아이들이 '결혼'과 '뽀뽀'라는 말에 키득거리며 아주 좋아하네요.

몇몇 아이는 서로 인형놀이를 하기도 했어요. 손재주가 조금 서툰 수민이도 몇 번 해보더니 머리 땋기를 곧잘 하네요.

이후에도 나들이를 갈 때마다 아이들이 몇 번이고 풀각시를 만들어 달라고 했어요. 어느새 노래가 귀에 익은 아이들이 인형을 만들면서 흥얼흥얼 풀각시 노래를 불렀어요.

이렇게 놀아요 내 손으로 인형 만들기

◆ 풀각시는 20센티미터 정도의 단단한 나뭇가지나 나무 막대기에 한 웅큼 정도의 풀을 묶고 다시 뒤집어서 머리를 따주면 만들 수 있습니다. 나무 중간에 풀을 엮어 치마를 만들 수도 있어요. 나무의 종류와 풀의 길이에 따라, 만드는 사람에 따라 모두 다른 인형이 나오지요. 만든 인형으로 극놀이를 해도 재미있습니다.

03 공기놀이

손잡이가 달린 둥글고 깊은 플라스틱 통이 하나 생겼어요. 선생님은 아이들과 이걸로 무엇을 할까 고민하다가 공깃돌을 담아놓는 통으로 쓰기로 했답니다. 그동안 일곱 살 아이들과는 틈틈이 공기놀이를 했지만, 남자들이 많은 여섯 살 아이들 반에서는 별로 관심을 보이지 않아서 주로 축구나 곤충 찾는 놀이를 했어요. 하지만 오늘은 여자아이들이 공기놀이를 하자고 하네요. 물론 남자아이들은 내키지 않는 얼굴이에요. 선생님은 부루퉁해 있는 남자아이들에게 일단 자기 손가락 개수만큼만 돌을 주워보자고 어릅니다.

"빨리 돌 줍고 우리끼리 축구하자."

어쩔 수 없이 밖으로 나온 남자아이들은 저희들끼리만 수군수군 이야기를 나누더니, 어린이집을 나서자마자 내키는 대로 담 밑에 있는 돌을 하나씩 주워 선생님께 가져갔어요.

"이건 안 돼. 다시 가져와!"

축구에 온통 마음이 가 있는 남자아이들은 부서진 시멘트 조각, 깨져서 모가 난 위험한 돌 들만 가져와 선생님의 퇴짜를 받았어요. 남자아이들은 어느덧 돌을 구하러 산으로 들어서더니 아스팔트 위에서 한결 더 다양하고 동글동글한 돌을 주워왔어요.

"예쁘지, 이거 진짜 예쁘지?!"

저마다 생김새가 다른 돌을 주워들고서 자랑을 늘어놓는 아이들. 금방 한 통이 다 차고, 어느새 남자아이들은 열 개만 줍고 공기놀이를 하기로 한 약속을 잊고서 공깃돌 줍기에 푹 빠져버렸지요. 결국 통에 차고 넘쳐서 가방에도 담았어요.

점심을 먹고 나서 모아놓았던 돌을 가지고 마당에서 공기놀이를 시작했어요. 공깃돌을 땅에 던져놓고 순서를 정한 후 엄지와 검지손가락을 땅에 짚고 공깃돌에 닿지 않게 지나간 다음 그 선 안에 있는 공깃돌을 가져가는 '기찻길 공기'를 하기로 했어요. 땅에 구불구불 길이 나고, 아이들은 엄지와 검지 두 손가락으로 조심조심 길을 만들었어요. 놀이에 열중하는 아이들은 시간 가는 줄 모르고 놀았답니다. 기찻길이 그려지고 지워지기를 반복하다 보니 마당에는 어느새 사방으로 꾸불꾸불한 길이 생겼어요.

비 오는 날은 방 안에서 광목천을 겹쳐 깔아놓고 했어요. '기찻길 공기'도 하고 '코끼리 공기'도 했어요. 코끼리 공기는 두 손을 깍지 끼고서 두 검지만으로 공깃돌을 잡아 손 안에 넣는 코끼리 코 모양의 공기 놀이예요. 밖에서는 축구 놀이와 벌레잡기를 더 좋아하던 남자아이들도 재미나게 함께 놀았어요.

어느 날 아침 간식 시간, 일곱 살 아이들이 계속 소란을 피우고 선생님 이야기를 듣지 않아서 선생님이 무척 화가 났어요.

"너희들끼리 간식 먹든지 말든지 마음대로 해. 나는 갈 테니까!"

선생님은 방을 나와 아이들 눈을 피해 옆방으로 갔어요. 그런데 한참을 기다려도 아이들이 선생님을 찾아오지 않았어요. 더군다나 조용하기까지 했지요. 너무 조용한 것이 이상해 슬쩍 가서 보니 아이들은 어느새 간식을 다 먹고 저희들끼리 둘러앉아 공기놀이에 푹 빠져 있지

뭐예요. 선생님은 조금 어이가 없기도 했지만 조그만 아이들의 까만 머리가 모두 가운데로 모여 있는 모습이 귀엽고 재미있어 피식 웃음이 났답니다.

"너희들 뭐해?"

"코끼리 공기."

한 아이가 짧게 대답하고선 놀이에 빠져듭니다. 평소 로봇 그림 그리기를 즐겨하던 아이가 섬세하게 손가락을 움직여 성공해내자 무척 기뻐하네요. 공기놀이를 즐겨했던 여자아이는 자신만이 터득한 기술로 공깃돌을 움직여 아이들을 놀라게 했답니다.

선생님은 며칠 후, 공기놀이에 푹 빠진 아이들을 위해 아이들이 직접 염색했던 천에다 신문지를 넣어 공기판을 만들어주었어요. 이제는 새로 만든 공기판을 깔아놓고 일곱 살 아이들이 더 어린 동생들에게 방법을 알려주며 함께 놀아요.

이렇게 놀아요 예쁘고 작은 돌 다섯 개만 있으면 딱!

◆ 공깃돌을 통에 넣어두고, 공기판도 만들어 가까운 곳에 두면 공깃돌이 '우리 것'이라는 공감대도 생기고 언제나 가까이 있으니 꺼내 놀기도 좋습니다. 서너 살 아이들은 찰흙놀이를 할 때 동글동글 굴리고 말려서 만든 공깃돌을 그냥 뿌리고 던지며 놀기도 했어요. 좀 더 크면 공기놀이를 하겠지요.

◆ 공기놀이를 자주 하면 아이들 손이 야물어진답니다.

04 손뼉치기

심심해하던 일곱 살 지혜에게 선생님이 손뼉치기를 하자고 합니다.
 "아, 난 잘 못하는데."
 "아주 쉬워!"
 "어떻게 하는데?"
 "이리 와 봐. 나랑 퐁당퐁당하자. 손을 펴고 있어 봐."
선생님은 주먹을 쥐었다 폈다 하고, 아이는 반대로 폈다 쥐었다 하면서 손바닥과 주먹을 마주칩니다.
 "퐁당퐁당 노래 부르면서 주먹을 쥐었다가 폈다가 하는 거야. 해보면 금방 알아."
 "응, 알았어."
 "퐁당퐁당 돌을 던지자……, 우리 누나 손등을 간질어주어라."

마지막 '간질어주어라' 부분에서 선생님이 신나게 지혜를 간질어주니 까르르 넘어갑니다. 지혜의 웃음소리가 마루를 울리고, 손바닥 치는 소리에 아이들이 우르르 몰려들었어요.

"나도, 나도."

"옆에서 너희들도 이렇게 해봐."

몰려든 아이들이 둘레에서 퐁당퐁당을 합니다. 어떤 아이는 '우리 누나 손등' 부분에서부터 손바닥만 편 채로 간지럼을 기다리네요. 간지럼이 무서운 아이는 아예 몸을 뒤로 홀쩍 빼버리기도 했어요.

"이번엔 다른 것 할래?"

"좋아."

"숲 속의 매미가 노래를 하면, 파란 저 하늘이 더 파래지고……."

손이 딱딱 맞자 아이들 눈빛에 자신감이 묻어납니다. 제법 익숙해진 아이들이 뒷부분을 여러 가지로 바꾸며 해보았어요. 얼굴 만져주기, 엉덩이 치기, 두 손 흔들기, 머리 흔들기 등등 다양하게 바꾸어 놀았지요. 한동안 손뼉치기 유행이 일면서 아이들은 점점 더 빠른 속도로 어

려운 동작을 잘 해냈답니다. 평소 소극적인 아이들도 함께하고, 벌칙을 받아도 더 크게 소리 내어 노래를 부르면서 재미있게 놀았어요.

이렇게 놀아요 **손만 있으면 언제 어디서든지 놀 수 있어요**

◆ 처음에는 선생님이 한 아이와 하다가 아이들이 좀 모이면 방법을 알려주고 아이들끼리 할 수 있도록 해주세요. 틈새 시간에 뭘 해야 할지 모르거나, 선뜻 놀이에 끼지 못하는 아이에게 손뼉치기놀이를 알려줘 분위기를 바꾸면 좋아요.

◆ 손뼉치기놀이는 쉬운 것부터 어려운 것까지 방법이 다양해서 나이에 따라 아이들이 저마다 골라서 할 수 있답니다.

◆ 서로 얼굴을 마주보고서 노래와 몸짓을 함께합니다. 이렇게 마음과 손을 온전히 모으다 보면 서로 아주 친해져요.

실뜨기놀이

05

"날이면 날마다 보여주는 마술이 아닙니다. 여기를 보세요."
아이들이 무슨 일인가 싶어 선생님에게 하나둘 모여듭니다.
"여기 엄지손가락에 있는 줄이 검지로 이사를 가. 그리고 또 이쪽으로 이렇게 옮겨."
선생님이 손가락에 이리저리 실을 걸치며 모양을 만들어냅니다.
"자, 이제 도깨비 만든다."
아이들 눈이 휘둥그레집니다.
"우와, 어떻게 하는 거야?"
아이들에게 설명을 해주니 다들 열심히 따라 하네요. 중간에 실이 엉키면 다시 어떻게 하느냐고 묻기도 했지요. 몇 번 되풀이하더니 엉키지 않고 잘해냈어요. 그 옆을 지키고 있던 동생들의 눈빛도 예사롭지 않았어요.

"나도 실 줘!"

다들 실을 달라고 해서 한 줄씩 주었더니 며칠 동안 아이들 목에는 실 목걸이가 걸려 있었어요. 큰 아이 어린아이 할 것 없이 걸고 다녔지요.

며칠 후 여섯 살 민서가 선생님에게 두 사람이 같이하는 실놀이를 하자고 졸랐어요.

"이번에는 젓가락."

"이번에는 비행기."

다섯 살 현수도 실뜨기를 하자고 했어요. 선생님은 현수가 하기에는 조금 어렵다고 생각했는데 그 사이 연습을 많이 했는지 제법 잘 이어나 갔어요.

"와, 현수 잘하는데?"

"엄마랑 연습했어."

며칠 더 지나서는 네 살 어진이가 실뜨기를 하자고 했지요. 조금 서툴지만 곧잘 해냅니다. 선생님은 어린 어진이의 손이 어쩜 이렇게 야물어졌나 내심 속으로 놀랐어요.

"어머나 이렇게 잘해?!"

선생님의 칭찬에 어진이가 뿌듯해하며 빙긋 웃습니다. 선생님이 저녁에 만난 어진이 엄마와 이야기를 나눠보니 요즘 밤마다 어진이가 실을 들이댄다고 하네요.

어린아이들보다 더 어려워하던 일곱 살 정운이가 부쩍 능숙해져서 어찌 그리 잘하냐고 물으니 "이거 태영이한테 배웠어" 하며 자신보다 더 어린 동생을 인정해줍니다. 너나없이 실뜨기는 태영이가 최고라며 치켜세워주네요. 태영이는 조금 쑥스러워했지만 알려달라고 달려드는 네 살 동생에게 짜증 내지 않고 설명을 해줬어요. 태영이뿐만 아니라 나이와 상관없이 아이들 서로가 모르는 것을 알려주기도 했지요. 실수로 다른 모양이 나왔을 때 실 모양을 보고 이름을 새로 만들거나 새로운 방법을 만들기도 했답니다.

몇 달 뒤 일곱 살 아이들과 기차를 타고 농촌으로 들살이를 갔어요. 가는 동안 기차 안에서 실놀이를 참 재미있게 했답니다. 작은 실을 가지고 세 시간 남짓, 시간 가는 줄 모르고 했어요.

이렇게 놀아요 실 하나로 온갖 것을 다 만들어요

◆ 매우 섬세한 손가락 놀림이 필요한 놀이이기 때문에 처음에는 아주 천천히 아이들 가까이서 손의 위치와 방법에 대해 친절하게 알려주어야 합니다. 그리고 되풀이해서 알려주는 것이 더욱 중요합니다. 어려운 실뜨기보다 둘이서 하는 실뜨기를 순서대로 충분히 한 뒤에 혼자 하는 실뜨기로 넘어가는 것도 좋습니다. 어른들이 계속 보여주고 함께 하는 것만큼 좋은 방법도 없지요.

◆ 겨울철 따뜻한 방 안에서 즐겁게 할 수 있는 놀이예요. 실을 걸고 이리저리 넘기며 짜다 보면 참 신기하고도 다양한 모양이 나오지요. 아이들 스스로 알려주지 않은 실 모양을 만들어 이름을 붙이기도 하고요. 이렇게 놀다 보면 아이들 손가락이 참 부드러워집니다.

*책 속에 나오는 노래를 가나다순으로 정리했습니다.

01. 가랫골집 영감이

가랫골집 영감이 가래를 들고
도랑골집 영감이 도랑을 치고
가잿골집 영감이 가재를 잡고
불때골집 영감이 군불을 때고
화롯골집 영감이 화로를 내고
불담골집 영감이 불을 담아
노랑골집 영감이 노랗게 구워놓으니
꼴딱골집 영감이 꼴딱 먹어서
부릉골집 영감이 부릉부릉 하니
마소골집 영감이 마소마소 했다네

02. 강가가 강똥을 싸니까

강가가 강똥을 싸니까

김가가 김을 무럭무럭 내니까

장가가 장대로 꿰니까

박가가 바가지로 푸니까

지가가 지게로 지니까

유가가 누가 먹겠니 하니까

나가가 나도 나도

저가가 저도 저도

임가가 임큼임큼 다 먹으니까

우가가 울먹울먹 하니까

홍가 양가가 홍홍양양 홍홍양양

나도 먹을래 홍홍 나도 먹을래 양양

03. 고추장 된장

고추장 된장
 고추장
꼭꼭 눌러라

고추장 된장
 된장
되게 눌러라

04. 꼬부랑 할머니

꼬부랑 할머니가
꼬부랑 댕기를 하고
꼬부랑 치마를 입고
꼬부랑 지팽이를 짚고
꼬부랑 강아지를 데리고
꼬부랑 길로 가다가
꼬부랑 똥이 마려워
꼬부랑 나무에 올라가
꼬부랑 똥을 누니까
꼬부랑 강아지가
꼬부랑 똥을 납죽 먹어버린 거야
꼬부랑 할매가 꼬부랑 지팽이로 꼬부랑 강아지를 딱 때리니까
꼬부랑 깨갱 꼬부랑 깨갱
니 똥 먹고 천 년 사나 내 똥 먹고 만 년 살지, 하매 도망갔다 카대

05. 놀귀 들귀

놀귀냐 들귀냐
 놀귀
놀귀 놀귀 놀귀

놀귀냐 들귀냐
　들귀
들귀 들귀 들귀

---

06. 다리 세기

자라야 자라야 금자라야
어떤 놈이 할배 앞에서
방귀를 뿡뿡 뀌었노

---

07. 들강 달강

들강 달강 들강 달강
서울 가서 밤 한 되를 사다가
살강 밑에 두었더니
머리 꺼문 생쥐란 놈 들랑 날랑 다 까 묵고
한 톨만 남았는데
가마솥에 삶을까
옹솥에 삶을까
가마솥에 삶아서
조리로 건질까
함박으로 건질까
조리로 건져서
껍데길랑 아빠 주고
보늬는 엄마 주고

알맹이는 너하고 나하고 둘이 먹자
들강 달강 들강 달강

08. 말 탄 양반 꺼덕

말 탄 양반 꺼덕
소 탄 양반 꺼덕

09. 뽕나무 대나무 참나무

옛날에 뽕나무 대나무 참나무가 살았어
뽕나무가 방귀를 뽕 뀌니까
대나무가 대끼놈 하는 거야
참나무가 참아라 그랬대

10. 송아지 따기

저 달 봤나?
　저 달 봤다
저 나무 봤나?
　저 나무 봤다

11. 숨바꼭질

꼭꼭 숨어라
머리카락 보일라 옷자락이 보일라
꼭꼭 숨어라
치맛자락 보일라 발뒤꿈치 보일라
꼭꼭 숨어라

12. 숫자놀이

하나는 뭐니?
　하나는 달이지
둘은 뭐니?
　둘은 안경알
셋은 뭐니?
　셋은 지겟다리
넷은 뭐니?
　넷은 책상 다리
다섯은 뭐니?
　다섯은 손가락
여섯은 뭐니?
　여섯은 파리 다리
일곱은 뭐니?
　일곱은 북두칠성
여덟은 뭐니?
　여덟은 문어 다리
아홉은 뭐니?
　아홉은 구미호 꼬리
열은 뭐니?
　열은 오징어 다리

13. 앞산아 당겨라　　앞산아 당겨라 뒷산아 밀어라
　　뒷산아 밀어라

14. 어깨동무 씨동무　어깨동무 씨동무 보리가 나도록 놀아라

15. 어디까지 왔니　　어디까지 왔니
　　　　　　　　　　당당 멀었다

16. 장에 가자　　　　장에 가자 장에 가자
　　장에 가자　　　　시장 가자 시장 가자

17. 줄 당기기　　　　어허야 술비야
　　　　　　　　　　　어허야 술비야
　　　　　　　　　　친구들 모여라
　　　　　　　　　　　어허야 술비야
　　　　　　　　　　줄다리기 해보자
　　　　　　　　　　　어허야 술비야
　　　　　　　　　　힘차게 당겨라
　　　　　　　　　　　어허야 술비야

18. 쥐야 쥐야

쥐야 쥐야 너 어디에서 잤니?
　부뚜막에 잤다
뭐 덮고 잤니?
　행주 덮고 잤다
뭐 베고 잤니?
　주걱 베고 잤다
뭐가 깨물더냐?
　고양이가 깨물더라
무슨 피가 났니?
　빨간 피가 났다

19. 천 길이냐 만 길이냐

천 길이냐 만 길이냐
내 다리 부러지지 말고 황새 다리 부러져라
고추장 먹고 힘내라

20. 콩섬 팥섬

콩섬 찧자
　팥섬 찧자

21. 콩 심기

콩 심어라 콩 심어라

22. 통 타령

신통 방통 목간통 장구통

윗집 오줌통 아랫집 똥통

목수 먹통 울 엄마 젖통

못된 놈 심통 안된 놈 애통

우리 집 변기통 옆집 절구통

이 통 저 통 먹다 남은 수박통이올시다

23. 풀각시

풀을 꺾어 머리하고 가지 꺾어 비녀 꽂고

앞산에 핀 빨간 꽃 뒷산에 핀 노란 꽃

빨간 꽃은 치마 짓고 노란 꽃은 저고리 짓고

게딱지로 솥을 걸고 찔레 꺾어 밥을 하고

솔잎으로 국수 말아 풀각시를 절 시켜요

풀각시를 절 시키면 망건을 쓴 새신랑이

머리꼭지 흔들면서 따개비로 술 마셔요

24. 황소 씨름 고등어 씨름

황소 씨름

　고등어 씨름

어디에서 배웠나

　어린이집에서 배웠다

누구한테 배웠나

선생님한테 배웠다

뭐 먹고 배웠나

보리밥 먹고 배웠다

어떻게 넘기나

요렇게 넘기지

◆ 노래 녹음_해문, 보영, 다솔

'우리 이렇게 불러요' 노래 음원을 소나무출판사 카페에서 다운받으실 수 있습니다. http://cafe.naver.com/sonamoopub

이렇게도 불러요

*구전으로 내려오는 옛 아이들 노래는 같은 놀이여도 다양한 버전의 노랫말과 운율이 있습니다.
*책 속 노래와 비슷하지만 또 다른 느낌의 노래를 함께 소개하니 참고하세요.

01) 가랫골집 영감이

가랫골집 영감이 가래를 들고
도랑골집 영감이 도랑을 치고
가잿골집 영감이 가재를 잡고
불때골집 영감이 군불을 때고
화롯골집 영감이 화로를 내고
불담골집 영감이 불을 담고
노랑골집 영감 노랗게 구워놓으니
꼴딱골집 영감이 꼴딱 먹어서
부릉골집 영감이 부릉부릉 하니
마소골집 영감이 마소마소 그랬대

02) 강가가 강똥을 싸니까

강가가 강똥을 싸니까
김가가 김을 무럭무럭 내니까
장가가 장대로 께니까
박가가 바가지로 푸니까

지가가 지게로 지니까
유가가 누가 먹겠니 하니까
나가가 나도 나도 하니까
저가가 저도 저도 하니까
임가가 임큼임큼 다 먹어 치우니까
우가가 울먹울먹 하니까
홍가 양가가 홍홍양양 홍홍양양
나도 먹을래 홍홍 나도 먹을래 양양 그랬대

03) 고추장 된장
된장 고추장
 된장
되게 눌러라
 된장 고추장
고추장
 꼭꼭 눌러라
열쇠 자물쇠
 열쇠
열렸다

04) 꼬부랑 할머니
꼬꾸랑 할머니가 꼬꾸랑 짝지를 짚고
꼬꾸랑 간지를 데리고 꼬꾸랑 질로 가다가

꼬꾸랑 똥이 메루어 꼬꾸랑 낭게 올라 가가지고 꼬꾸랑 똥을 눴거든
꼬꾸랑 똥을 누이까네 꼬꾸랑 간지가 꼬꾸랑 똥을 납죽 묵어 뿌이까네
꼬꾸랑 할매이가 꼬꾸랑 짝지로 딱 때리니까네
꼬꾸랑 간지가 꼬꾸랑 깨갱 꼬꾸랑 깨갱
니 똥 먹고 천 년 사나 내 똥 먹고 만 년 살지 하고 도망갔다 카대

05) 놀귀 들귀

놀귀냐 들귀냐
 놀귀
놀귀 놀귀 놀귀 놀귀 놀귀
놀귀냐 들귀냐
 들귀
들귀 들귀 들귀 들귀 들귀
서울 봤니?
 서울 봤다

06) 들강 달강

들강 달강 들강 달강
들강 달강 서울 가서
밤 한 되를 사다가 살강 밑에 묻었더니
머리 깜은 새앙쥐가 들랑 날랑 다 까먹고
다문 한 톨이 남았는데
가마솥에 삶을까 옹솥에 삶을까

가마솥에 삶아서 조리로 건질까
함박으로 건질까 조리로 건져서
껍데길랑 강아지 주고 벼내길랑 송아지 주고
알맹이는 너 하고 나 하고 둘이 먹자 들강 달강 들강 달강

07) 말 탄 양반 꺼덕
말 탄 양반 꺼덕
소 탄 양반 꺼덕

08) 뽕나무 참나무 대나무
뽕나무가 방구를 뽕 뀌니까
대나무가 대끼놈 하니까
참나무가 참아라 그랬대

09) 송아지 따기
저 달 봤나
　나도 봤다
저 해 봤나
　나도 봤다
저 나무 봤나
　나도 봤다
저 돌 봤나
　나도 봤다

저 거미 봤나
 나도 봤다
저 새 봤나
 나도 봤다
내 송아지 어딨나

10) 숨바꼭질
꼭꼭 숨어라 머리카락 보인다
꼭꼭 숨어라 머리카락 보인다
다 숨었니?
 아직
꼭꼭 숨어라 머리카락 보인다
꼭꼭 숨어라 머리카락 보인다
다 숨었니?
 아직
쥐란 놈이 물어도 꼼짝 말고
이란 놈이 물어도 달싹 마라
다 숨었니? 찾는다

11) 숫자놀이(하나는 뭐니)
하나는 뭐니?
 지팡이
둘은 뭐니?

내 다리
셋은 뭐니?
 지겟다리
넷은 뭐니?
 상다리
다섯은 뭐니?
 손가락
여섯은 뭐니?
 개미 다리
일곱은 뭐니?
 무지개
여덟은 뭐니?
 문어 다리
아홉은 뭐니?
 구미호 꼬리
열은 뭐니?
 오징어 다리

12) 앞산아 댕겨라
앞산아 댕겨라 뒷산아 밀어라

13) 어깨동무 씨동무
어깨동무 씨동무 보리가 나도록 놀아라

14) 어디만큼 왔니(어디까지 왔니)

어디만큼 왔니
 찬찬히 멀었다
어디만큼 왔니
 개울가에 왔다
어디만큼 왔니
 찬찬히 멀었다
어디만큼 왔니
 동네 앞에 왔다
어디만큼 왔니
 찬찬히 멀었다
어디만큼 왔니
 대문 앞에 왔다
어디만큼 왔니
 다 왔다

15) 장에 가자 장에 가자

장에 가자 장에 가자 빵 사자 빵 사자
장에 가자 장에 가자 과자 사자 과자 사자
장에 가자 장에 가자 신발 사자 신발 사자
장에 가자 장에 가자 머리핀 사자 머리핀 사자
장에 가자 장에 가자 수박 사자 수박 사자

16) 쥐야 쥐야

쥐야 쥐야 어디에서 잤니
 부뚜막에 잤다
뭐 덮고 잤니
 행주 덮고 잤다
뭐 베고 잤니
 젓가락 베고 잤다
뭐가 깨물더냐
 고양이가 깨물더라
무슨 피가 났니
 빨간 피가 났다

17) 천 길이냐 만 길이냐

천 길이냐 만 길이냐
너는 천 길
천 길이냐 만 길이냐
너는 만 길

18) 콩섬 팥섬

콩섬
 팥섬
콩섬
 팥섬

뭐 봤니
　하늘 봤다
뭐 봤니
　땅 봤다

19) 통 타령
신통 방통 목간통 장구통
윗집 오줌통 아랫집 똥통
우리 집 밥통 술집 술통
장님 북통 돼지 오줌통
못된 놈 심통 안된 놈 애통
대문 안 절구통 대문 밖 쓰레기통
이 통 저 통 먹다 남은 수박통

20) 풀각시
풀을 꺾어 머리하고 가지 꺾어 비녀 꽂고
앞산에 핀 빨간 꽃아 뒷산에 핀 노란 꽃아
빨간 꽃은 치마 짓고 노란 꽃은 저고리 짓고
게딱지로 솥을 걸어 찔레 꺾어 밥을 하고
솔잎으로 국수 말아 풀각시를 절 시키네
풀각시를 절 시키면 망건을 쓴 새신랑이
꼭지꼭지 흔들면서 따개비로 술 마시네

21) 황소 씨름 고등어 씨름

황소 씨름
 고등어 씨름
어디서 배웠나
 동네에서 배웠다
누구한테 배웠나
 언니한테 배웠다
어떻게 넘기나
 요렇게 넘긴다

◆ 노래 녹음_놀이와 노래 연구모임 '놀래?!'

'이렇게도 불러요' 노래 음원을 소나무출판사 카페에서 다운받으실 수 있습니다. http://cafe.naver.com/sonamoopub

놀이와 노래 연구모임 '놀래?!'를 소개합니다

"놀기만 해서 나중에 뭐가 될래?" 이렇게 공부만을 강요하는 어른들의 시선 속에서 제대로 놀지 못하는 우리 아이들이 안타까웠습니다. 아이들이 신나게 놀고 건강하게 자라기 위해서 우리가 먼저 성장해야겠다고 생각한 현장 교사들이 2002년에 모였습니다. 놀이운동가인 편해문 선생님과 함께 '옛 아이들 놀이'를 조사하고 공부하며 놀이 경험을 나누었습니다. 모임을 하면서 아이가 자라는 시기에 무엇보다 놀이가 중요하다는 것을 깨닫고, 우리가 배운 내용들을 몸으로 함께 놀면서 현장 교사, 아이, 부모, 마을 주민에게 풀어냈습니다. 이 과정에서 놀이가 아이뿐만 아니라 어른들에게도 중요하다는 사실을 알았습니다.

놀이는 아이들에게 미래를 살아가는 힘을 주는 것이라고, 어른의 일방적인 교육이 아닌 또래와 관계 속에서 보이지 않는 성장을 일으키는 것이라고 믿습니다. 그래서 어른들은 온전한 놀이 환경을 만들어주어야 하고, 아이들은 틈만 나면 놀아야 한다고 이야기하며 다닙니다. 한 명의 아이라도 더 놀이의 진정한 재미를 알고 건강하게 자라기를 바라며 2007년부터 여러 지역에서 놀이마당을 진행하고 골목놀이 문화 만들기에 힘썼습니다.

2010년에는 옛 아이들 노래가 점차 우리 생활에서 잘 불리지 않는 현실이 안타까워 자료집 〈노래로 다가가는 미래〉와 노래 CD를 만들었습니다. 2011년부터는 놀이캠프를 열어 아이들과 함께 놀이에 퐁당 빠져 지냅니다.

놀이와 노래 연구모임 '놀래?!'는 현재 정기 모임과 연구 활동을 꾸준히 진행하며 현장에서 아이와 어른 들을 만나 노래와 놀이를 나눕니다. 마을 고샅고샅마다 "얘들아 놀자~" 하는 소리, 놀이하며 노래하는 소리, 웃음소리가 널리 퍼지도록 이 땅의 아이들과 계속 놀고 노래할 것입니다.

'놀래?!' 카페 http://cafe.daum.net/nolinolae